本物の
気づかい

Real Awareness

井上裕之

Inoue Hiroyuki

Discover
ディスカヴァー

はじめに

一瞬の気づかいが、一生の武器になる。すべての人間関係がうまくいく「人付き合い」で一番大切なこととは？

私はコーチ、セラピスト、自己啓発書の著者という顔をもっていますが、本業は歯科医。北海道の帯広で「いのうえ歯科医院」の院長をしています。

いのうえ歯科医院には、日本各地から患者さんが来てくださいます。

それは、高いレベルの医療技術を提供していることに加えて、ひとりひとりの患者さんへの気づかいを大切にしているからだと実感しています。

しかし、気づかいといっても難しいことではありません。

たとえば、入れ歯をつくりたいという高齢の女性が来たら、

「最高に若返る入れ歯をつくるからね」と笑顔で声をかけます。

このようにして、**相手がよろこんだり、笑ったりすること**を話して、歯科医を前に緊張している患者さんの心をほぐしてあげるのです。

すると、患者さんはリラックスし、どんな治療を受けたいか、本音を話してくれます。本音がちゃんと聞ければ、いい治療ができます。

「相手の心をほぐす」という「気づかい」がいい結果を生んだ場面をたくさん経験してきたため、私は、**「人生の質は気づかいによって高まる」**と信じています。

気づかいから生まれる5つのメリット

「気づかい」とは、辞書的にいえば、「いろいろ気をつかうこと」となるのでしょう。

私自身は次のように定義しています。

気づかい＝相手に対する愛情、思いやり、感謝の気持ちを行動にあらわすこと

ここでいう行動とは、たとえば、感謝の気持ちを「ありがとうございます」と言葉にしたり、手紙やプレゼントを贈って気持ちを形にしたりすることです。

気づかいがうまくできるようになると、次の5つのメリットが得られます。

①人から好かれる
②近道をして成長できる
③チャンスが増える
④人生で成功できる
⑤心ゆたかに生きられる

①人から好かれる

気づかいとは、相手への思いやりや愛情を行動であらわすことなので、気づかいのできる人はまちがいなく人に好かれます。

「この人は、私にすごく関心をもってくれている」「こんな些細なことまで気づいてくれる」という印象を抱いてもらえれば、「またお会いしたいな」「この人に○○さんを紹介したいな」など、**人とのご縁に恵まれる機会**が増えます。

②近道をして成長できる

たとえば、もしあなたが新人で「仕事がなかなか身につかない」という状況だとしても、気づかいができれば、**必ず誰かがあなたを見ていてくれて、手を差しのべてくれます。**かわいがられる人になると、いろいろなことを教えてもらえて成長のスピードが速くなり、成長の近道が拓けます。

③チャンスが増える

気づかいをするときは、見返りを求めてはいけません。しかし、**不思議なことに、見返りを求めずに気づかいをし続けていると、仕事が増えたりご縁に恵まれたりするなど、チャンスが確実に増える**のです。

④人生で成功できる

人間の能力を指数化したものにＩＱ（Intelligence Quotient：知能指数）があります。

しかし、ＩＱの高い人間が必ずしも人生で成功するわけではありません。むしろ、ＳＱの高い人のほうが、成功するといわれています。

ＳＱとは、Social Intelligence Quotient の頭文字を取ったもので、「生き方の知能指数」「社会的指数」などと訳され、人と関わる力や社会性の高さを示します。

相手の感情を理解するとともに自分の行動が相手に及ぼす影響も考え、対人関係を円滑にする能力のことです。私は気づかいの能力に長けている人はＳＱも高いと思います。つまり、**「気づかいのできる人は成功する」**のです。

⑤心ゆたかに生きられる

気づかいは、されるとうれしいものです。だから、感謝されます。感謝されれば、うれしい。それは自分のよろこびにもなるのです。つまり、**気づかいをすればするほど、自分の中によろこびが増え、心ゆたかに生きられる**ようになるのです。

本書では、この５つを手にできる気づかいの具体的なメソッドをまとめました。

気づかいは、「よろこび」の化身

「私は気が利かない性格だから、気づかいができない」と悩まれる人がいます。

断言します。「気づかい」は習慣にすることで誰でも身につけられます。

まずは、「相手によろこんでもらいたい」という気持ちを行動で表現するなら、どんなことができるか考えてみてください。

どんな仕事も相手によろこんでもらえると成功します。

「相手によろこんでもらいたい」「幸せになってもらいたい」と考え、行動に移している人は成功するのです。どん**なビジネスも、その商品やサービスの価値にお客さんがよろこびを感じてくれれば、うまくいきます。**

歯科医院の場合なら、**「歯並びがきれいになってすごくよかった。うれしい」**と思ってもらえれば、また、何かあったときには来院してくださいます。

ラーメン店なら、**「ここの味噌ラーメン、とてもおいしかった。幸せな気持ちにな**

る」と思ってもらえれば、「また、来よう」と思ってもらえます。「大事な友達にも教えてあげよう」と口コミで広がる可能性も大きいです。

ビジネスでの成功は、**「相手によろこんでもらえるかどうか」**で決まります。

相手によろこんでもらうには相手がよろこぶ気づかいをすることです。

相手のよろこびポイントを知るためには、**相手に関心をもち、何をしたらこの人はよろこんでくれるのか、**常に考えアンテナを張っておきましょう。

たとえば、お客様とのさりげない会話の中で、「来月、結婚記念日で妻と旅行に行くんですよ」という話になったら、

「そうですか。記念日はいつですか」
「○月×日です」
「おめでとうございます。結婚何年目ですか」
「○年です」
「すごいですね。私も長続きするように頑張ります」

そんな会話の中で、相手の情報をさりげなく聞き出します。

もちろん、話のキャッチボールの中で相手が話したくなさそうであれば、無理に聞き出さなくてもいいのです。

結婚記念日がわかった場合は、高くなくてもいいから、ちょっとしたお花やお菓子を結婚記念日当日にご自宅にお送りすれば、奥さまにもよろこんでもらえます。

なぜなら、奥さまは普段、自分のパートナーがどんな仕事をしているかわかりません。贈り物が届けば、取引先に大切にされていることがわかって、奥さまとしては気持ちがいいものです。

奥さまがよろこんでくれると、自分が贈り物をもらったときよりもよろこばれ、気づかいのできる人だと思われます。

気づかいは、このように**何気ない会話の中から相手がよろこぶことをキャッチし、形にしていくこと**が大切です。

気づかいを身につけるための3つのポイント

では、「気づかい」を身につけるために、具体的に何をすればいいのでしょうか。
ポイントは次の3つです。

①「自分がうれしいと感じること」を相手にする
②相手の立場になって「うれしいと感じてもらえること」を考える
③周囲を観察し「人は何によろこびを感じるか」を学んでいく

①「自分がうれしいと感じること」を相手にする

最初のポイントは、「**自分が何をされたらうれしいか**」を考え、**自分がうれしいと感じることを相手にすること**です。

「混んでいる電車の中で席を譲られたらうれしい」のであれば、席を譲る。
「おいしいお菓子をもらったらうれしい」のであれば、お菓子を贈る。
「ほめられるとうれしい」のであれば、相手をほめる。

「待ち合わせに遅れないで来てくれることがうれしい」のであれば、時間に遅れない。

『ありがとう』と言ってもらえるとうれしい」のであれば、「ありがとう」と言う。

答えは**自分の中**にあります。

自分を見つめ、「何をしてもらえばうれしいと感じるか」を洗い出しましょう。

②相手の立場になって「うれしいと感じてもらえること」を考える

ただ、人は十人十色ですから、ときには
「お菓子をもらってもうれしくない」というAさんがいるかもしれません。

そのときに登場するのが2つ目のポイントです。相手の立場になって「うれしいと感じてもらえること」を考えるのです。

Aさんは何であればよろこんでくれるのかを考えてみる。普段から、愛情をもって相手を観察していると「よろこびポイント」がわかってくるはずです。もし、わからなければ、直接聞いてもいいでしょう。

「甘いものは苦手なんですか?」

「そうですね…。甘いものより、お酒が好きなんですよ」

Ａさんはこう答えるかもしれません。その場合は、次からお酒を贈ればいいのです。

③周囲を観察し「人は何によろこびを感じるか」を学んでいく

ポイント３は、周囲を観察し「人は何によろこびを感じるか」を学んでいくこと。そして、その真似をすることです。

真似するといっても、最初はうまくできないことのほうが多いと思います。しかし、小さなことを少しずつでものいいので、「続ける」ことを目標にして真似をしてみてください。すると、自分にあった方法も見つかり、**あなたにしかできない気づかい**が生まれるはずです。

本書ではこの３つのポイントを押さえながら、私が自分の人生を通して感じたり、実践したりしてきた「本物の気づかい」を具体的にお伝えしていきます。

誰にでもできるかんたんなことばかりです。

最初はひとつでもふたつでもいいので、できれば、継続してやってみてください。

そのうちに、自然と気づかいができるようになります。

一人でも多くの方が、本書によって「本物の気づかい」を身につけ、質の高い人生を手に入れることを願っています。

2020年12月

井上《いのうえ》裕之《ひろゆき》

―本物の気づかい―

目次

はじめに——002

第1章
「なぜか好かれる」気づかい

今の時代に必要な気づかいとは？——024
もらった相手を感動させるお礼状——026
お礼が遅れたときのベストアンサーは「手書き」——030
「ありがとう」は魔法の言葉——035
「自分だったらどう思うか」を考える——041

気づかいはタイミングがすべて――043
「よろこんでもらう」ことで、すべてうまくいく――047
「外見」よりも「人柄」をほめる――053
待ち合わせは「5分前に着いたふり」をする――055
「連絡のない遅刻」は相手の人生の時間を奪う行為――057
筋トレは自分への最大の気づかい――063

第2章
「人間関係がうまくいく」気づかい

つながっていたい人には1年に一度贈り物をする――068
人と長く深くつながるための「報告」と「連絡」――072

男女問わず「花束」は最強の贈り物——076
ビジネスの贈り物はお菓子が無難で最適——080
飲み会後は「ミント」を渡し、相手の「帰り道」を気づかう——085
紹介されたらすぐに会いに行く——088
ビジネスでの飲み会に無礼講はない——092
「仕事をさせてもらっている」という気持ちをもつ——096
営業は営業のプロから、気づかいは気づかいのプロから学ぶ——106
おもてなし場所は「自分のフィールド」がベスト——109
社内への気づかいは、自分のファンをつくるつもりでやる——113
気難しい人への悩みがなくなる気づかい——116

第3章

「ワンランク上」の気づかい

1枚の付せんで上司の心をつかむ――122
確認作業では上司に時間を取らせない――124
「問題解決」は上司の仕事であり、部下を大切に思う気持ちの体現――130
部下が必ず成長する教え方と関係性の築き方――133
部下からの相談は、「黙って聞く」か「大丈夫、と伝える」かの2択――141
部下の「仕事の歩幅」に無理はないか確認する――145
大切な人に会うときは当たり前のマナーを守る――149
初対面を「次」につなげる印象のつくり方――154
面談のお礼は必ずその日のうちに送る――157

「笑い」で場を和ませる——160
上司の家に招かれたら、家族に気をくばる——164
「えらい人」は孤独だと知る——167
給料日には経営者や上司にお礼を言う——171

第4章

「プライベート」での気づかい

プライベートでの行動が、気づかいの習慣になる——174
親しいからこそ「気づかい」をする——176
友のピンチには「すぐに」「直接」、「何度」でも——180
落ち込んでいる人には、「激励」ではなく「希望」を贈る——184

「ぴかぴかトイレ」は一流の気づかいの証――190
違うと思ったことはただ聞き、スルーしていい――194
夫婦は干渉し合わない、細かいことに目を向けない――197
負担にならない程度に状況を共有し合う――201
パートナーには「帰りの時間」を伝えれば安心する――205
親には「兄弟、仲良くしているよ」と伝えるだけでいい――207
気づかい力は、「非生産的な時間」で磨かれる――211
おわりに――215

第1章

「なぜか好かれる」気づかい

今の時代に必要な気づかいとは？

ビジネスでの接待や過剰な関わりが少なくなっている現代においては、気づかいの判断基準が難しく、**「余計なことになるなら、しないほうがいいかも」**と思ってしまうシーンが少なくありません。

このような状況では、気づかいは「難しい」「ハードルが高い」ように思えます。

しかし、いくら世の中やビジネスで簡素化・簡略化が進んでも、**人は何かをしてもらったり、してもらったことにお返しがあったりすれば、よろこびを感じます。**

これは、人の心理なので、変わることはありません。

そのため、**「人の心理は、社会や自分の都合に合わせて無視しないほうがいい」**というのが私の考えです。

小さなことでいいので、絶やさずに気づかいを続けてみてください。

たとえば、

- 贈り物をする際は、実際に手に取り、どんなものかを確認してから送る
- 仕事が息づまっている同僚に、缶コーヒーの差し入れをする
- 上司が確認する資料に、付せんでひとこと添える
- 誰よりも早く誕生日のメッセージを送る
- 些細なことでも「ありがとう」を欠かさず伝える

など、ちょっとした手間を惜しまないように心がけてみるのです。

私は、**「気づかい」の反対は「手抜き」**だとも考えています。だから、「手を抜いた」と後から思いそうなことがあるならば、すべて行動に移します。

ちょっとした手間はかかりますが、多くの時間とお金がかかることではありません。

こうした小さな積み重ねが、将来大きな結果となって返ってくるはずです。

もらった相手を感動させるお礼状

何かをしてもらったり、品物をもらったりしたときは、すぐにお礼をするのが、もっとも大切なビジネス上の気づかいです。

私は、歯科医として、２日間にわたって複数のインプラントの手術をすることがあります。一番多いときは寝ないで24症例したこともあります。

このようなときには、インプラントのシステムを製造している医療機器メーカー・京セラの社員の方々が終日、見学をされに来ます。手術が朝の４時、５時までかかれば、その時間まで見学されています。

見学をされた京セラの方々は、必ず、あとでお礼のメールや手紙を送ってくれます。

しかも、通りいっぺんのメッセージではありません。

一般的に、お礼のメール、メッセージで多いのは、次のような定型的なものではないでしょうか。

【一般的なお礼メール】
井上裕之院長殿
いつもお世話になっております。株式会社△△の▲▲です。
昨日はお忙しい中、貴重な手術を見せていただき、誠にありがとうございました。
とても素晴らしい手術でした。また機会がありましたら見学させていただきたいです。
今後ともどうぞよろしくお願いします。

このお礼のメッセージも悪くはないですが、普通です。

京セラの方々は次のようなメールを送ってくれます。

【京セラの方々からのお礼メール】

井上裕之院長殿

今回も素晴らしい手術を見学させていただき、ありがとうございました。

先生の手術の素晴らしさは、チーム全体が何をすべきかが理解されている点です。チーム全体の総和が、このインプラントの手術の美しさとスピードを実現しているのだと私たちは思います。

先生とのお時間の中で教えていただいた医療や人に対する考え方は、私たちのフィロソフィーとも共通しています。そのため、フィロソフィーを深く理解する上でもとても役に立つものでした。


歯科医は職人です。職人は自分の技術についてほめられるとうれしいものです。

しかも、見た目の美しさやスピードは、インプラント手術の重要なポイントです。その点が優れていると言われたらなおさらうれしいのです。

また深夜にもかかわらず、すぐにお礼のメールがあったことに感動しました。見学に来られた方の中には、後日お手紙で感想を送ってくださった方もいます。

その手紙は心がこもっていて、とても感動しました。仮にメールの内容が普通だとしても、メールの早さには価値があり、素晴らしいことです。先ほど紹介したメールをもらったとき、本当に胸が熱くなって、親しい人に見せたくなりました。高価なプレゼントをもらうよりも感動がありました。

この事例は、**内容もスピードも満たされています**。

あらためて、このメールの何が素晴らしいのか、ポイントを考えてみました。

それは、人をよろこばせる次の3点が書かれているからにほかなりません。

①事象に対する感想（手術に参加できてよかった）
②相手をほめたたえる内容（手術の美しさとスピードを実現している）
③得たものや学びになったこと（フィロソフィーを深く理解する上で役立った）

言葉を伝えることは、コストのかかるものではありません。相手を思って言葉を使うことで、いくらでも相手によろこんでもらうことができます。

お礼を言葉にする際には、この3つの内容を意識することをおすすめします。

お礼が遅れたときのベストアンサーは「手書き」

お礼のメールや手紙はいつ出せばいいでしょうか。
お礼はスピードが命なので、早ければ早いほど、相手にいい印象を与えられます。
ビジネスマナーでは、何かをいただいたり、してもらったりしたら、**遅くとも３日以内**にお礼をすることになっています。

とはいっても、すぐにお礼のメッセージを出せないときもあります。
そんなとき、スピードに劣らないお礼をするにはどうすればいいのでしょうか。

それは、**手書きの手紙**を書くことです。

なぜ、手書きがいいのか。印刷された文章と、手書きの文字を比べれば、違いが一目瞭然です。**手書きの文章には心を込めて書いた温かみがにじみ出て、より思いが伝わるからです。だから、たとえ字が下手でも手書きがいいのです。**

手書きの手紙を作成するときのポイントは次の3つです。

①自分なりに丁寧に書く
②心を込める
③相手がよろこぶ内容を綴《つづ》る（26ページ、157ページ参照）

また、せっかく手書きで書くのなら、筆記用具などにもこだわるといいでしょう。ペンは、ボールペンよりも万年筆のほうがおすすめです。

万年筆は、筆圧によってインクの出方が変わります。思いを込めて強く書けば、インクが多めに出て紙ににじみますし、軽やかな気持ちでペンを滑らせれば、さらさらとした文字になります。

万年筆で書くと、言葉だけでなく、文字の見た目としても思いが伝わるのです。便せんは万年筆用を選ぶと、インクが紙にきれいににじんで味が出ます。季節感のある柄が描かれた便せんであれば、なおさら、相手によろこばれます。

手紙でも、細部まで気をくばれば、必ず思いが伝わります。

かつて、こうした気づかいある手紙の書き方を知人の若い人に教えたことがあります。その人は、以来、お中元やお歳暮には、私が話した通りに手書きの手紙を添えて送ってきてくれます。「わざわざありがとう」と、うれしい気持ちになります。

気づかいができれば、人に好かれ、職場では上司にかわいがられます。

社内でも、同じように気づかいができているのでしょう。その人は若くして出世をしました。

手紙の形式にこだわらずに、**ユーモアを交えた手紙**もいいと思います。

ある教授の夫人からもらった手紙には、こう書かれていました。

主人は自粛期間で大学には行っていないのですが、家にはおらず、どこで自粛しているのやら。ですが、井上先生からいただいたアスパラを楽しみにして、家で食事をするようになりました。これで、今後は家で自粛してくれると思っています。

ユーモアのあるお礼状は相手を楽しい気分にさせます。

さらにオリジナリティも出るため、単なる形式的なお礼状とは違い、**文字だけでも相手と心の交流ができる**ように思うのです。

お礼状と一緒に品物を贈ると印象に残る

もしお礼が遅れてしまったら、場合によっては品物を贈るとよろこんでもらえます。

「あのときの感動をお手紙だけじゃなく、形にしたいと思いまして、地元で評判のお菓子を贈らせていただきました」

「涼しいと評判のマスクがあって、〇〇さんにお渡しできたらいいなと思って、お手紙に添えてお贈りさせていただきます」

お礼が遅れてしまった失礼に対しては、ちょっとしたことですが、このような手紙を添えて品物を贈るだけで、あなたの印象を大きく変えることができます。

「やるか」「やらないか」、この違いが将来を変えるのです。

「ありがとう」は魔法の言葉

「ありがとう」は気くばりに満ちた最大のコミュニケーションツールです。

「ありがとう」を言った数だけ、お互いの関係が良好になります。

「ありがとう」を言う側は、何かを受け取ったりしてもらったことに対して感謝を伝えて、気持ちがよくなります。

言われる側は、「自分の言ったこと（やったこと）を認めてもらえた」「わかってもらえた」ことで、自己肯定感が高くなります。

このように、**言う側にも言われる側にもいいことがあるので、「ありがとう」は何回も口にしたほうがいい言葉**なのです。

プレゼントをもらったとき…

助けてもらったとき…

励ましてもらったとき…

自分が落としたものを拾ってもらったとき…

席を譲ってもらったとき…

など、**「ありがとう」を言うシチュエーションはたくさんあります。**ビジネスであれば、サービスや商品を購入してもらったときにも欠かせない言葉です。


しかし、「ありがとう」を言うべきなのに、言い忘れてしまいがちなときがあります。

それは、怒られたり、指摘されたりしたときです。

怒られたときや、何か間違いを指摘されたときに、ふくれたり、落ち込んだりするのではなく、すぐに**「気づきになりました。ありがとうございます」**と言うようしてみてください。

叱ったり、間違いを指摘したりするのは、相手があなたに何かを教えようとしているからです。**自分の間違いに気づき、それをあらためたときに、人は成長します。**

その成長の機会を与えてくれたことに対して、「ありがとうございます」と感謝を伝えてみるのです。

怒ったり指摘してくれたりした人に感謝をすれば、**「素直な人」「成長の伸びしろのある人」**という印象を与えることができます。

すると、**「また何かあれば教えてあげよう」と思ってもらえて、成長するチャンスに恵まれます。**

「3つの組み合わせ」でありがとうを深く伝える

何かしてもらったときに、反射的に「ありがとう」と伝えることは大切です。

「ありがとう」の気持ちをより丁寧に、相手の心に深く届くようにしたいときには、次の3つの組み合わせを意識してみてください。

「○○さん（相手の名前）」＋「○○してくれて（感謝する事柄）」＋「ありがとう」

【例】

「井川さん、素敵な誕生日プレゼントをありがとうございました」
「田中さん、気づきを与えていただき、ありがとうございました」
「渡辺さま、商品をお買い上げいただき、ありがとうございました」

心理学では**相手の名前を呼ぶことで、自分への好感度が上がる**ことがわかっています（ネームコーリング効果）。また、何に対して感謝するのかをつけ加えたほうが丁寧な印象を与えられます。

そのため、**「相手の名前」＋「感謝する事柄」＋「ありがとう」、この3つの組み合わせ**を意識することで、感謝の気持ちをより深く伝えることができるのです。

直接、「ありがとう」を口頭で伝えるときには、**最大級の感謝の気持ち**を込めて言うようにします。心がこもっていれば、相手の心にもより響きます。

相手がよろこぶ「ありがとう」の伝え方

仕事をメールなどで依頼されたときも、感謝を伝える絶好の機会です。

「お引き受けします！」と返事をするとき、私は必ずポジティブな自分の気持ちを言葉にして添えるようにしています。


「ありがとうございます。**すごくうれしいです**」

「ありがとうございます。**ちょうど、その企画をやりたかったんです**」

「ありがとうございます。**エネルギーをもてあまして困っていたところです**」

「ありがとうございます。**よろこんでやらせていただきます**」

「ありがとうございます。**その仕事、楽しみたいです**」

つまり、

「ありがとう（感謝の言葉）」＋「うれしい（ポジティブな気持ち）」

を伝えているのです。

ポジティブな気持ちをひとこと添えるだけで、相手のテンションが上がります。

「そんな風に思ってくれてうれしい」という気持ちにもなるでしょう。

相手のテンションを上げたり、よろこんでもらえたりすれば、必ずいい成果につながります。

「自分だったらどう思うか」を考える

気づかいのできる人になりたいのであれば、「相手」を「自分」に置き換えて考えてみてください。

「相手はどうすればよろこんでくれるのか」を知りたいのであれば、**「私はどうすればよろこぶのか」**を考えればいいのです。

「相手に最高のおもてなしをしたい」のであれば、**「私はどんなおもてなしだったら『最高のおもてなし』と感じるか」**を考えます。

これはビジネスでも同じです。

「どうやったら、お客さんはこの商品を買ってくれるのか」を知りたければ、

「この商品がどうだったら、私は買うのか」を考える。
「成功哲学って何だろう」と知りたければ、
「私はどんなときにうまくいったんだろう」と考える。

たいていのことは、自分の中に答えがあります。
自分に置き換えたときに、されたら嫌だと思うことはしないようにします。

もし、自分と相手の価値観に大きな違いがあるのであれば、**まず相手を尊重**します。
そして、自分の価値観を押しつけないで、相手が不快に思うことはしないようにします。

自分と相手は違って当たり前です。もし、相手を尊重するだけではわかり合えないのなら、**話し合いをして決めていく**ことです。そうすれば、すれ違いや勘違いなく、互いに思いやることのできる関係になっていきます。

気づかいはタイミングがすべて

気づかいをするときは**タイミングがすべて**です。

同じことでも、**タイミングがよければ、気づかいの効果が何倍にもなります。**

私の経営する歯科医院のスタッフに冠婚葬祭や自宅の新築祝いなどがあった際は、必ずお金を包みます。

新婚旅行に出発するときは、お小遣いを渡しますし、「遠方へ引っ越す」と聞けば、餞別（旅行や転居、転任など長期の離別の際に、別れの印として贈る金品のこと）を渡します。

結婚式や葬儀に参列するときは当日に渡しますが、新築祝いや引っ越し、新婚旅行などのときは早めにお祝いを渡すようにしています。

お祝いをもらうタイミングを自分のこととして考えてみてください。遅くお祝いをもらうのと、早めにもらうのとでは、どちらがうれしいでしょうか。

自宅を建てたときや新婚旅行へ行くときは、**何かと物入りですから、早めにもらったほうがよりありがたい**のではないでしょうか。


お祝いごとは、いいタイミングでもらったほうが、よろこびも大きくなります。

「誕生日、おめでとう」とSNSに書き込まれるにしても、0時を回ってすぐのほうが、2、3日過ぎてからもらうよりも、感動は大きくなります。


このことは、恋愛に例えると、とてもわかりやすいです（笑）。

たとえば、誕生日直前の夜11時59分に彼女に電話をかけて、

「君の○歳はあと1分で終わるね。1年間ありがとう」

とお礼を言い、0時を迎えたら、

「お誕生日おめでとう。誰よりも早くお祝いを伝えられてうれしいよ」と言えたら、愛

情も深まるでしょう。

気づかいでは、タイミング（＝最適な時間）を意識することで、相手の感動の深さを変えられるのです。すると、結果として相手との距離を縮めることもできます。

何か相手にしてあげよう、と思ったときには、**「自分が最高にうれしいタイミング」**で相手にやってあげます。

もし、そのタイミングがずれていると感じるならば、それは繰り返しながら、自分で学習していきます。「だめだったから、今度はもっとこうしよう」と繰り返していくうちに、タイミングはわかるようになるものです。

もし、どうしてもタイミングがわからない場合は、次のようにします。

①やらないよりはやる
②基本は遅いよりも「早め」を心がける

①やらないよりはやる

やらなければ、何も変わりません。

トライすれば、失敗したとしても、「失敗」という経験から学び、成長があります。

ただし、**「何も考えずに行動」はNG**です。まずは、どんなタイミングがいいのか考えてみて、それでも、迷ったり悩んだりするのであれば、「とりあえず行動」に移します。

②基本は遅いよりも「早め」を心がける

気づかいの基本は遅いよりも「早め」です。

取引先の方の誕生日が日曜日で、会社のメールでお祝いが伝えられないならば、前々日の金曜日に「明後日はお誕生日ですね。おめでとうございます」と伝えます。

何ごとも習慣です。

気づかいのタイミングがつかめるようになると、**人生でチャンスをつかむタイミング**もわかってきます。

「よろこんでもらう」ことで、すべてうまくいく

お客様相手でも、社内の上司や部下、同僚でも、家族、恋人でも、**相手によろこんでもらうことをすれば、すべてうまくいきます。**よろこんでもらうためには、「ほかとは違う行動」で相手を感動させることが大切です。

私は洋服が好きでよく購入します。ひいきにしているショップがいくつかあります。そのひとつにFASCINATE（ファッシネイト）という大阪のセレクトショップがあり、とても気に入っています。品揃えが好みに合っていることもありますが、それ以上に**経営者である徳永剛さんの気づかいに感動しているから**です。

あるとき、夜10時半頃にこんなメールを彼に送りました。

「そろそろセールの時期になるけれど、何かおすすめの商品はありますか？」

すると、**2時間もしないうちに、彼からリストが送られてきた**のです。この返信の早さとリストの内容に、私は感動しました。

リストには、20着ほどの商品が挙げられ、商品の説明はもちろんのこと、なぜ私にオススメなのか、ポイントが細かく書いてありました。

期待していた以上の充実したリストでした。

お店に行かなくても、洋服のイメージがつかめるし、すぐに対応してくれるのは、多忙な私にとって本当にありがたいのです。

「ほかとは違う、すごい！」と、とても感動しました。

徳永さんの例では、ほかとは違う**「早いレスポンス」「相手が求める以上のサービス（この場合は、リスト作成）」**が感動につながったのです。

相手が恐縮したら、気持ちが軽くなる対応をする

別の日のことです。FASCINATEの受注会でイタリア製のブーツを予約しました。ところが、たまたま別の海外サイトで同じものがかなり安く販売されていたのを見つけました。私は「悪いな」と思いながらも、徳永さんに電話をして、

「ブーツをキャンセルしてもいいですか？　ほかのサイトで安く売っていたから」

と正直に伝えました。すると、

「今でしたら全然大丈夫ですよ。井上先生にはいつもよくしてもらっていますし」

と気持ちよく即答してくれました。私は恐縮して

「申し訳ない。次のシーズンには何か買いますから」

と、お返事すると

「いえ、気をつかわれないでください」

と言ってくれて、その**ちょっとしたひとことが気持ちいい**のです。

重荷になるようなことは一切言ってこない。だから、「次もまた買おう」という気が起きます。その思いやりを受けて、私はスタッフのみなさまに地元のお菓子を「お詫び」として贈りました。

このように相手が「悪いな」と恐縮しているときこそ、「全然大丈夫です」「全然問題ないですよ」と相手の気持ちを軽くする対応が相手をよろこばせる気づかいだと実感しました。

損をして得をとる

先ほどご紹介したブーツの件について、徳永さんは、「今回はキャンセルできないんですよ」と言うこともできたはずです。

でも、その場合、私は高いブーツを買って損をすることになります。

「あの店は融通が利かない」と悪い印象が残って、「次からは買わない」という選択をするかもしれません。

また、徳永さんは「キャンセルをしたい」と言われたときに、「そうですか。じゃあ、今回だけはいいですよ」ともったいぶることもできたはずです。

しかし実際は、**即答で、笑顔が見えそうな声で「全然大丈夫ですよ」**と言ってくれました。

「徳永さんはほかにもこう言えたのではないか…」と想像すると、なお彼の行動に感動して、うれしくなり「次回も買おう」と思うのです。

「損をして得をとれ」

という言葉があります。徳永さんは、これが自然にできています。

実業家の斎藤一人さんは、次のように言っています。

「断られたときが勝負です。ニコッと笑顔で、

『じゃあ、また何かあったら、よろしくお願いします』と、感じよく言えばいいので

す。（略）仕事をいっぱいとってくる、ではなく、どんどん、どんどん断られながら、ずーっと耕して、耕していくと、そこに根が張っていき、〝いいお得意様〟になる」

（『眼力』サンマーク出版）

どんなときもお客さんのことを気づかって感じよく対応することが次につながるのです。

「外見」よりも「人柄」をほめる

人はほめられるとうれしいものです。

はじめて会ったときも、ちょっと相手をほめると、印象に残りやすくなります。

では、ビジネスで相手をほめるときは、何をほめればいいのでしょうか。私の周囲のおもてなしのプロに話を聞くと、**「人は自分の持ち物や容姿をほめられるよりも、人柄をほめられたほうがよろこぶ」**と言います。


「そのネクタイ素敵ですね」

「とてもおきれいで、一緒にいるとドキドキします」と言われるよりも、

「ふとした優しさにいつも癒されます」

とほめられたほうが、よろこんでもらえると言います。

あるインターネットサイトの調査で、「好きな異性に褒められたいのは『外見』VS『内面』どっち?」という問いに対して、男女ともに半数以上が、「内面」と答えています（DOKUJO　２０１５年）。

人は、外見よりも「内面」「人柄」をほめられたい傾向があるのです。

とはいえ、はじめて会った人に対して、「いい性格ですね」とは言いにくいものです。はじめて会ったときなら、相手を深く探る必要はありません。

自分が感じた中で、相手に対するポジティブな印象を言葉にするようにします。

たとえば、

「お話ししていて、とても明るい方だという印象を持ちました」
「一緒にいて、元気がもらえました」
「清潔感のある方だと思いました」
「いろいろ準備をしてくださって、きめ細やかな方だなと思いました」

あまり深くほめすぎると、わざとらしいので、さらっとほめるのがコツです。

待ち合わせは「5分前に着いたふり」をする

待ち合わせ場所に時間通りに着いたのに、すでに相手が着いている。そんなシチュエーションはよくありますよね。

そのときに「どのくらいお待ちになりましたか」と聞くとします。「今日は、道がすいていたので、20分前に到着していたんですよ」

相手がこう答えたら、自分は遅刻していなくても、「待たせてしまった。申し訳ない」とプレッシャーを感じてしまいますよね。

私は待ち合わせはいつも早めに行きます。早めに到着して近くで待ちます。

そして、待ち合わせ時間の5分前になったら、集合場所に行って、「着いたばかり」のふりをします。あるいは、相手が到着するのが見えたら移動して、「私もいま来たところです」と言うこともあります。

「10分前」だと「長く待ってもらっちゃった」という感じがしますし「2、3分前」だとギリギリすぎて、わざとらしい。「5分」がちょうどいい時間です。

「5分前に着いた」ふりをするのはちょっとの気づかいです。しかし、これによって、**相手に居心地悪さを感じさせずに済みます。**

むしろ、無意識に**「感じがいい」**という印象を与えることができます。

少しずつ「感じがいい」瞬間を積み重ねることで、あなたの印象は「感じがいい人」になります。

待ち合わせ時間に遅れるか、早めに行くかは、相手の印象を大きく左右します。

数回遅れると、「あの人は時間にだらしがない」という悪い印象を植えつけてしまいます。仕事の能力とは関係ないところで評価されてしまうのでもったいないことです。

いつも早めに到着するようにして、**「5分前に着いた」ふりをする気づかいで、自分も相手も気持ちのいい状態になること**を、ぜひ心がけてみてください。

「連絡のない遅刻」は相手の人生の時間を奪う行為

かつて、「飛行機が遅れて遅刻します」という理由で、よく打ち合わせに遅れてくるスタッフがいました。飛行機の遅延はよくあることです。それならば、飛行機が多少遅れても間に合うように早めの便を予約しておくか、もしくは、できるだけ前日に着いておくようにするべきです。

「電車が10分遅れて遅刻しました」

これもよくあることです。だとすれば、電車がたとえ遅れてもオンタイムに到着できるように、早めに待ち合わせ場所に到着しておくべきだと思います。

東京であれば、鉄道の遅延が「見える化」されていて、どの路線が遅れやすいか毎年発表されています（国土交通省、東京圏の鉄道路線の遅延「見える化」）。

見ると、多いのは中央・総武線各駅停車（三鷹〜千葉）で平日20日間のうち、19日も遅延した日があることがわかります。ほとんどが30分未満の遅延です。

遅れやすい電車を利用するのであれば、電車が多少遅延しても打ち合わせに遅れないように、早めに現場に着いておきます。

私はこうしたすき間時間には、資料や本を読むなど、やるべきことをいつも用意していて、決して時間を無駄にしません。

「自分がされたらどう思うか」という視点で考える

もし、どうしても遅れそうなときは、遅れる時間がたとえ1分であっても、**「遅れるとわかった時点」で連絡を入れます。「間に合うかどうか微妙なとき」も同様です。**私は電話か、LINEやMessengerなどのSNSで先方に伝えます。

基本は**「自分がされたらどう思うか」**という視点で考えることです。やってもらって、**自分がうれしいと思う行動を先取りして、相手に行うのが気づかいです。**

早めに「20分遅れそう」と連絡をもらえれば、その20分を有効に使ってメールを数本打ったり、報告書に目を通すこともできます。

連絡がなく、いつ到着するかわからない状態で待つと、集中して何かをすることができません。**連絡のない遅刻は相手の人生の貴重な時間を奪うことにほかなりません。**

普段の気づかいは人間関係の結びつきを強固にする

ただし、こう言うと「私は、遅刻されても気にならない。だから、自分が遅刻するときも連絡を入れない」という人もいます。

ビジネスでは、こうしたずぼらな考え方は通用しません。

「精度の高い仕事になっているか」「関係性を良好にする行動か」という視点が必要になってくるのです。**いつも精度の高い仕事をし、人間関係に気をくばっていれば、失敗をしたとしても、責められることはなく、自然と人間関係は良好になります。**

私は定期的に動画を配信していて、そのための収録を東京で行っています。めったにないのですが、あるとき、**収録の日にちを「一週間後」と勘違い**していたことがありました。当日、私が収録スタジオに来ないため、スタッフから電話で連絡がありました（ス＝スタッフ、井＝井上）。

ス「どうされましたか？」
井「えっ？」
ス「今、スタジオでスタンバイしています」
井「来週だと思っていました。申し訳ない」
ス「大丈夫です。借りたスタジオはなんとかします。井上先生に何かあったかと思って心配しました。ほっとしました、よかったです」

当日のキャンセルになってしまったのにもかかわらず、スタッフは私をひとことも責めませんでした。さらに、「リマインドのメールを送らず、申し訳ございませんでした」と言っていただきました。

その言葉は、思いやりにあふれていました。

なぜ、このような対応をしてくれたのか。それは、普段、**時間に几帳面で、「遅れるときは必ず連絡を入れる」**という気づかいを私自身が習慣にしていたからだと思います。**普段の心掛けによって人間関係は強固になり、たまの遅刻や勘違いによって大きなひびが入ることはない**のです。

「相手の時間を使う」ことを気づかう

遅刻もそうですが、**「相手の時間を使う」**ことに対して、気づかうことも大切です。時間は有限です。ものはお金で買えますが、時間はどんな大富豪であっても買えません。そのため、私は価値があることだけに時間を使うべきという考えです。

たとえば、午後3時から取引先で打ち合わせがあるとします。社内の人と待ち合わせをするのに、人によっては15分も20分も前に集合時間を設定するケースがあります。「余裕をもって、早めに待ち合わせをしましょう」ということなのでしょう。

「余裕」は各自が持って集まればいいことです。事前に打ち合わせが必要なら話は別です。そうではないのなら、5分前の集合で十分です。

ビジネスではちょっとした打ち合わせが少なくありません。

打ち合わせをするということは、参加者の時間を使うことにほかなりません。

「本当に必要な打ち合わせか」「打ち合わせのために確保する時間は長すぎないか」を検討することは、参加者への大切な気づかいだと思います。

筋トレは自分への最大の気づかい

対相手はもちろんですが、自分に対する気づかいも大切です。自分に対する気づかいの中でも、私がもっとも大切にしているのは、ボディ・コンディショニングです。カラダを鍛えることが、私のミッション（歯科医師として、作家として、世界最高レベルにあること）と直結しているからです。

肉体を鍛えることは、次の3つのメリットがあります。

①健康が維持できる

②「健康管理ができる」＝「仕事に対して管理する習慣がある」と印象づけることができ、相手に信頼や安心感を与えられる

③若々しさや力強さなど見た目の好印象を与えることができる

世界のエグゼクティブがジムに行くのを習慣にしているのは、こうしたメリットがあるからです。人の上に立つ人として成功したいのであれば、肉体のトレーニングは必須です。

そのため、週3回、パーソナルトレーナーによるマンツーマンのトレーニングを受けています。場合によっては、トレーニングメニューを送ってもらい、家でこなすこともあります。

送られてきたメニューを見ると、ときどき「正直、これ、負荷が大きいなぁ…」と思うこともあります。

多くの人は、こうした場合、「負荷が大きいから、今回はメニューより軽めにやっておき、今度、ジムに行ったときに、トレーナーに相談してみよう」と考えがちです。

私の場合は、どんなに大変なメニューであっても、変えずにそのままやります。

たとえ、「もう1回このバーベルを上げるのは無理」と思ったとしても、あきらめません。必ず、上げます。それが**私のためにメニューを考えてくれたトレーナーへの気づかいにもなる**と思うからです。

もし、軽めにしたいのであれば、メニューはそのままこなした上で、次にジムでトレーナーに会ったときに、「今回のメニューは、負荷が大きかった。このままでいいか、減らすか相談したい」と提案します。

「メニューを変えずにやる」理由は2つあります。

ひとつは、大変だからといって、途中であきらめることは、私にとって「負け」を意味するからです。

もうひとつは、「やるべきことを相談なしに勝手に変えない」「やるべきことをやる」という習慣を大切にしているからです。

特に、トレーニングは、私にとってミッションに直結しています。「ミッションを達成するためにやるべき」とトレーナーと共に決めたことを、自分の主観的な考え方で一方的にやらないという判断はできません。

また先述したように、**「トレーナーの立場を尊重したい」という気づかいを体現する**

ためにもメニューを変えずにトレーニングをします。

私が成果を上げれば、その分、トレーナーの価値も上がり、トレーナーは、「最高のトレーニングを提供しよう」という気持ちでいてくれます。

寝不足などで体調がベストコンディションでないときは、トレーニングメニューに負担を感じることもありますが、相手（トレーナー）の期待に応えることで、相手も気持ちよく仕事ができるのであれば、お互いに成長し合える関係として深いつながりができます。

こうしてお互いを思い合う気づかいは、素晴らしい成果を生むのです。

第2章

「人間関係がうまくいく」気づかい

つながっていたい人には1年に一度贈り物をする

出会った人たちの中で「**つながっていたい」と思う人との縁を切らないこと**は、人生に大きな影響をもたらします。

大切な人とのご縁をつなげるためには**最低1年に一度は贈り物**をします。お中元やお歳暮でもいいですし、どこかに行ったときのお土産を贈るのもいいと思います。

3000円程度のもので十分です。すると、10年続けたとしてもかかる費用は3万円ほどです。高いと思う人もいるかもしれませんが、必ず、3万円以上の価値となって返ってきます。

贈るほうは相手を思って送ります。贈られたほうは「あの人からきた」と思って受け取ります。

贈り物を介してお互いを思い合うことで、つながりができるのです。

これが大事なのです。

近年、虚礼廃止をする企業が増えてきています。虚礼廃止とは、「形式的な儀礼や習慣を廃止する」ことです。具体的には、お中元やお歳暮、年賀状、バレンタインデーのプレゼントのやりとり、葬儀や通夜への参列などを廃止にしています。

「経費の削減」や「業務の効率化」「公平な競争原理が働くようにするため」など理由はさまざまです。

たしかに、心のこもっていないカタチだけの贈り物のやりとりなら不要です。義務的な葬儀や通夜への参列なら行かなくてもいいかもしれません。

ただ、心のこもっている贈り物なら話は別です。お中元やお歳暮も、お付き合いをしていきたい会社なら、心を込めて贈ったほうがいいのです。

私の周囲に限って言えば、ことあるごとに贈り物をしている人は、仕事ができる人で、結果も出しています。

継続的な連絡は「信頼の貯金」になる

「つながっていたい」と思う人には、贈り物に加えて、手紙なりメールなりで、1年に一度は連絡を取るようにして、可能なら、実際に会う約束をしてみてください。

「ご相談したいことがあります。ご無沙汰しているので、お顔を拝見させていただいて、お話しできるとうれしいのですが」と連絡を取るといいでしょう。

相談ごとは、それほど深刻なことでなくてもいいと思います。相談ごとでなくても、お近くに行くので寄らせていただきたい、でもよいでしょう。

大切なのは、**継続して連絡を取ることです。継続は信頼につながります。「毎年、律儀に贈り物を送ってくれる」「連絡をくれる」そのこと自体が、信頼を貯金していることになります。**

そうしてつながっていると、何かあったときに頼みごとがしやすくなります。

コミュニケーションを専門にしているある大学の教授は、私が必ずお中元を贈っているひとりです。先日、私はコミュニケーションをテーマにした講演を頼まれました。

そこで、その教授に連絡を入れて、「コミュニケーションの最新情報を今度教えていただけませんか」とお願いしました。するとすぐに、

「いいよ。Skypeで2時間くらい打ち合わせしよう」

と返事がきて、最新情報を教えていただき、資料も送っていただきました。

「ありがとうございます」とお伝えしたら、

「井上くんには、いつも気をつかってもらっているから」

とおっしゃっていただきました。

「お中元を贈っている」ということ自体は、きっかけに過ぎません。大切なのは、**贈り物を通して常日頃の感謝が相手に伝わり、心のつながりができること**です。

心のつながりがあったからこそ、**お金に変えられない配慮**をしてもらえたのです。

お中元も、お歳暮も、バレンタインも、年賀状も、何でもかんでもすべてやるのは大変かもしれません。でも**年に一度だけ、相手を思って贈り物をするのは、それほど大変なことではないと思います**。ぜひ、やってみてください。

人と長くつながるための「報告」と「連絡」

ビジネスでは、「報告・連絡・相談」（ほうれんそう）が大切だと言われます。「報告・連絡・相談」は、仕事を円滑に進めるために欠かせないコミュニケーションですが、**単に「仕事を進める」だけではなく、人間関係を築く上でも重要な役割を担っています。とくに「報告」と「連絡」は、人との絆を深めてくれるものです。**

一見、「相談」が一番絆を深めてくれそうですが、相談に答えることは手間がかかる場合もあり、それを無意識にプレッシャーと感じる人もいます。

そこで私は、**相手に負担をかけずコミュニケーションを取る方法として、「報告」と「連絡」**を常に心がけています。

この本の制作に携わってくださった方で、TSUTAYAのNさんという方がいます。Nさんと私は、12年来の仲で、これまで数多くの書籍を一緒に制作してきました。しかし、この書籍の制作中、Nさんは部署異動により、制作のメンバーから外れることになってしまいました。

とはいえ、**私にとってNさんは、最初からこの本に携わってくださった大切な方なので、最後までチームの一員**です。作家としてデビューしたときからご一緒いただき、著者として無名だった私を変わらずに、ずっと支えてくれた人です。

私はNさんへ、

「毎日暑いですね、お元気ですか。今日、最後の打ち合わせがありました」

「ゲラ（原稿をレイアウトに入れたもの）が上がってきましたよ！

Nさんにも早くご覧いただきたい素晴らしいゲラです」

「12月に発売することが決まりました。

一緒に企画をスタートさせてから、もう1年ですね」

と、報告の連絡をしました。

すると、Nさんからは、

「おかげさまで元気にしております。取材、お疲れさまです！」

「ご連絡いただき、ありがとうございます。本を拝読するのが楽しみです！」

「あれからもう1年ですか。またお仕事ご一緒したいです」


とお返事が届きました。


組織で働いていると、組織の意向で部署が異動することもあります。

そのため、「前の仕事」に未練を残すこともあるでしょう。「あの仕事、今どうなっているかな」と気にした経験がある人は少なくないのではないでしょうか。


Nさんが、「前の仕事に未練」があるかどうかはわかりません。しかし、長年の付き合いから、**「あの仕事、今どうなっているかな」と気にかけてくださっているの**ではないかと思い、Nさんへの気づかいとして、私は進捗の連絡や報告をしました。

中には、業務外の連絡がくるとプレッシャーに思う人もいるでしょう。そのため、この**「連絡」「報告」には、細かいことは書きません。**

あくまで、**「あなたと進めていた仕事は、今こんな調子ですよ」**と、**様子を伝える程度で十分**です。あとは、**「メールを読んだり、お返事をしたりすることは、相手にお任せ」くらいのノリでいい**のです。

この「報告」と「連絡」は、業務としては生産性のないことかもしれませんが、**「あなたを大切にしています」**ということは確実に伝わります。

そうして人と人との絆が深まれば、結果として、仕事でのチャンスやいいご縁にも恵まれやすくなるのです。

男女問わず「花束」は最強の贈り物

誕生日や開業記念日を迎えると、花を贈ってくださる方が少なくありません。

そういうときは、事前に連絡なくお花が届きます。花そのものもうれしいのですが、「覚えていてくれた」ことにありがたみを感じます。

周囲を見回してみると、記念日に「花を贈る」習慣のある人には、成功している人が多い傾向があります。

そして、**男女問わずよろこんでもらえる贈り物は、花**です。

相手の好き嫌いを知っているのなら別ですが、**何を贈ればいいかわからないのであれば、花を贈るといい**でしょう。

花といってもピンからキリまであります。花束のアレンジ、胡蝶蘭のような豪華な鉢、もっとランクが上だと、胡蝶蘭にスワロフスキーを装飾したものまであります。

自分の予算に応じてプレゼントを選ぶようにしてみてください。

ひと工夫したいのであれば、色にこだわるといいでしょう。

たとえば、創業記念日に送るのであれば、その企業のコーポレートカラーだけでアレンジした花束を贈ると、よろこばれると思います。

私は、花だけに限らず、何かを贈るときは、発注先のお店に次の5つについて細かく伝えます。

【贈り物をするときお店に伝える5つのこと】

①届ける日時（基本は記念日当日）

②贈り主と、届ける人の名前・住所・連絡先

③何のためのプレゼントか（誕生日、創業・開業記念、新社屋完成祝いなど）

④のし、リボン、添え状（手紙やカード）添付の有無

⑤ラッピング紙の有無

お店には細かく指示を伝える

かつてこんなことがありました。

出張先から、いつもお願いしている花屋さんに電話をかけて、知り合いのお店へ花を届けてほしいと連絡しました。花屋さんは、手際よくお花を先方へ届けてくれましたが、誰からの花なのかは先方へ伝えず、「花を届けに来ました」とだけ言って、注文した花を置いていってしまったそうです。

その知り合いの方は、誰から来た花なのかわからず、私にメールで「井上先生、もしかしてお花を贈ってくださったでしょうか」と聞いてきました。

私は「開店のお祝いでお花を贈らせていただきました。送り主がわからない状態でお送りしてしまい申し訳ございません」と答えました。

でも、本当は「花を贈っていただき、感激しました。ありがとうございます」とよろこんでもらえると期待していたので、拍子抜けでした。

受け取ったほうも、誰から来た贈り物なのか、すぐにわからなければ、一瞬不安に思うかもしれません。

いつもお願いする花屋さんだったので、すっかり信じ切って、説明をおろそかにしてしまいました。

コミュニケーションは「1を説明すれば、10伝わる」ということはありません。こちらが当たり前だと思っていることが、相手にとっては当たり前じゃないことはいくらでもあります。

そのため、**相手がわかるように細かく伝えることも気づかいのひとつ**です。

この一件で、どのようなことでも、細かくプロセスを伝えるべきだと、あらためて痛感しました。

私は仕事ではいつもプロセスを大事にしています。歯科医として手術をするときは成功しか許されませんので、スタートから終わりまで、プロセスが明確でなければならないからです。

ゴールに早く着きたいからといっても、油断して工程を飛ばすと、早く着くことはできます。けれど、質が低下して、望む結果は得られません。

贈り物ひとつでも同じで、細かく要望を伝えることが大切だとわかりました。

ビジネスの贈り物はお菓子が無難で最適

上司や部下、取引先など、**ビジネスでの贈り物は、さりげないお菓子がいい**と思います。ビジネス相手によろこんでもらうために私が心がけている贈り物（お菓子）の選び方のポイントは次の7つです。

【ビジネス相手に贈り物をするときに心がけている7つのこと】

①値段が高すぎない

②物語（ストーリー）がある

③相手の状況に応じたもの

④地元ならではのもの

⑤大きすぎない

⑥手が汚れない

⑦カジュアルなおみやげもいい

①値段が高すぎない

高価な物を贈ると相手に気をつかわせてしまうことがあります。「お返しに何を贈ればいいのか…」と悩ませてしまうのです。また、仕事上の関係の方から、突然、数万円もする高価なものを贈られたら、「何か、下心があるのか」と変に疑われる可能性もあります。**手土産の金額はだいたい2000円から3000円が相場**といわれます（ヨックモック「お役立ちコラム」より）。必ずしもこの金額にこだわる必要はありませんが、目安として覚えておきましょう。

②物語（ストーリー）がある

先日、「麻布のかりんとう」をいただきました。かりんとうは庶民的なお菓子ですが、「麻布十番でとても有名なかりんとうなんですよ」と言われて受け取ると、「何、それ？」と興味も湧きますし、余計にうれしくなります。

また、「この間、食べてみたら、とてもおいしかったので、ぜひ、井上先生にも召し上がっていただきたいと思って」と言われると、ただ「召し上がってください」と言われるよりも、うれしさがアップしました。

差し上げるものには、必ず**何かストーリーをつけると、もらったほうの印象に残りますし、特別感があります**。ただ間に合わせで「とりあえずなんでもいい」とお土産を買うのではなく、**選ぶときには、ぜひ理由付けできるもの**を買ってみてください。

③相手の状況に応じたもの

私が筋トレや体力づくりをしていることを知っているある方は、ナッツの詰め合わせを贈ってくださいました。ナッツ類は疲労軽減や内臓機能の向上効果があるとされ、アスリートが取ったほうがいい食品として注目されています。

その方は私に関心をもち、ふさわしい贈り物を選んでくださったのだと感激しました。人間は十人十色ですから、それぞれの人にふさわしい贈り物があります。そして、それを贈られると、よろこびも大きくなるのです。

たとえば、相手が糖質制限ダイエットをしているることを知っているのなら「とてもおいしいチョコレートですので、お召し上がりください」と高級チョコレートを贈らないでしょう。

たとえば、ダイエットのストレスを癒してくれそうなハーブティーなど、相手の状況を察したものだと間違いなくよろこばれます。

相手の好みや状況に応じたギフトは、「相手を思っている」「相手に関心を持っている」証拠になります。

④地元ならではのもの

出張先の取引先などに渡す手土産であれば、**自分の地元ならではのもの**がおすすめです。**地元でしか買えないもの、地元の名菓**がいいでしょう。

⑤大きすぎない

渡した相手が、自分の会社や家に持ち帰るものであれば、**カバンに入るような邪魔にならない大きさのもの**がいいでしょう。

⑥手が汚れない

ビジネス上でもらったお菓子は、社内で分けて、仕事中に食べることが想定されます。できれば、**配りやすく、手が汚れないように個包装になったもの**がいいでしょう。

⑦カジュアルなおみやげもいい

私は帯広と東京の二拠点で仕事をし、週の半分は東京で仕事をします。もう10年近く、このスタイルですから、東京に来るたびに、毎回かしこまったお土産を買うことはありません。

ただ、**北海道限定のミルクキャンディー**は毎回買ってきて、東京で会う方にお渡ししています。「北海道限定」という価値がありますし、キャンディーは手軽に渡せるのがいいところです。もらったほうも、気楽な気持ちで受け取れます。

出張が多い方なら、地元ならではの手軽なもののを準備するといいでしょう。

飲み会後は「ミント」を渡し、相手の「帰り道」を気づかう

会社での上司との食事会や飲み会は、自分を印象づけるチャンスの場です。

たとえば、食事や飲み会が終わったあとに、上司に声をかけて、**「お口がさわやかになるクールミントです。よろしければお口直しにどうぞ」**と数粒さりげなく手に乗せてあげる。

部下が「いいもの」として愛用しているものを、おすそわけしてもらえると、そのちょっとした気づかいが上司としてはうれしいのです。

このときに、**さりげなく笑顔でさわやかに渡す**のポイントです。すると、相手も気持ちよく受け取れます。

気づかいはお金ではなくて心です。相手への愛情です。

「飲み会後にミントを渡すこと」はちょっとしたことですが、普段、少しずつこうした気づかいを積み重ねていくことで、確実にあなたの株は上がります。

タクシーが動き始めるまで見送る

また、上司や目上の人の帰り道を気づかうことも忘れないようにします。

「タクシーで帰られますか？　電車で帰られますか？　タクシーでしたら、お止めしてきますよ」と聞いて、「タクシーで帰る」と言われたら、

「お好みのタクシー会社はありますか？」

というところまで聞いてみてください。

いつもタクシーを使う人なら、「サービスがいいから○○タクシー会社をいつも使っ

ている」など、こだわりをもっている場合があるからです。

タクシーを止めたら、運転手さんに、

「今、大切な上司が来ますので、どうかよろしくお願いします」

とひとこと伝えれば、タクシーが動き始めたあとに、運転手さんは上司に「いい部下ですね。『大切な上司が今来ますから、よろしくお願いします』と言っていましたよ」と伝えてくれるかもしれません。

上司がタクシーに乗ったら、タクシーが動き始めるまで見送ります。

どれもちょっとしたことですが、部下の立場でも上司に気をつかわせないさりげない気づかいです。

そこまでできれば、上司によろこばれ、より好かれる部下になれます。

紹介されたらすぐに会いに行く

ビジネスでは、**人と人とのつながり**が大切です。
営業をかけたいときに、人の紹介があるのと、ないのとでは雲泥の差があります。
紹介であれば、当然会いやすくなります。

取引先の人から信頼され、仕事に結びつく人を紹介してもらうには、どうすればよいのでしょうか。**「誰かを紹介してあげたい」と思われなければなりません。**
そのために必要となってくるのが、日頃からの気づかいです。

私がときどき利用している洋服店の店員でOさんという方がいます。
Oさんは、私の誕生日になるといつもプレゼントを贈ってくれます。後から知ったのですが、彼は自腹でプレゼントをしてくれていたのです。あるときは、「僕の好きな作家さんの信楽焼です」といって、小物を贈ってくれました。価格は知る由もありませんが、自分のお金で一顧客の私にプレゼントを買って贈ってくれることがうれしくて、彼に好感をもっていました。

あるとき、Oさんから、「ある大手のアパレルB社に飛び込み営業に行こうと思う」と相談を受けました。

私はたまたまB社の社長を知っていたので、Oさんに「社長に口をきいてあげるよ」と伝え、すぐに社長宛にメールで「Oさんの話を聞いてもらえない？」と頼みました。

Oさんは、一瞬でB社の社長に話を聞いてもらうことができ、その後、実際に会う約束もできたそうです。

もし、飛び込み営業だったら、これだけ短時間で社長に話を聞いてもらうところまでいくのは難しかったでしょう。

日頃から、Oさんが私に対して細やかな気づかいをしていたからこそ、「紹介をして

あげたい」と気持ちを動かされたのです。

紹介してもらったら、フォローに細心の注意を払う

もし、**お客様を紹介してもらったときには、丁寧にフォローをしていくこと**が大切です。

まずは、**責任をもって対応すること**を約束します。

「このたびは、大切なご友人を紹介していただき、ありがとうございました。最後まで責任をもって私が対応させていただきます。もし、ご友人から不満などお聞きになりましたら、遠慮なくおっしゃってください。至らない点、お気づきになったことは、すべて改善させていただきます」

紹介してもらったら、すぐにアクションを起こして、紹介してもらった人にこのような連絡をします。

そして、**紹介してくれた方に、紹介してもらったお客様とのやりとりを報告**します。


「紹介してくださった○○さまに○月×日にお会いしました」

「こういう対応をさせていただきました」


紹介したほうは、どうなったのかが気になるものです。

対応を細かく報告すれば、安心できます。

丁寧に対応し、**「きちんと対応する人」**と印象づけることができれば、次もまた紹介してもらうチャンスが増えるはずです。

ビジネスでの飲み会に無礼講はない

取引先と飲みに行く。社内で飲みに行く。どの場面においても**ビジネスで無礼講はありません**。

無礼講とは、地位の上下を抜きにしてお酒を楽しむことです。

もし、「今日は無礼講」といわれても、礼儀は守らなければなりません。**業務時間外の飲み会であっても、「ビジネスの関わり」という枠の中で飲む**わけです。お酒を飲みすぎると人柄が出ます。どんな場でも人は見ているもので、酔っ払って乱れれば、「だらしない」という印象を与えてしまいます。

もし、もっと飲みたいのであれば、会社とは関係のないところで飲む。ビジネスでの飲み会では酔わない程度に飲む。それが、ビジネス飲み会での気づかいです。

接待には、目的を意識して臨む

取引のある企業が、接待で、教授や私を含めた何人かの医師をクラブに招いてくれたことがありました。クラブは、女性がお酌をしてくれたり、飲み物をつくってくれたりするお店です。

この接待の場での目的は何でしょうか。

企業がドクターとつながりをもったり、そのつながりを強くしたりすることです。企業の方たちとドクターたちが話をするのが本筋で、女性がいたとしても、彼女たちは、その場が円滑になるよう演出してくれているととらえるべきでしょう。

お店の女性と話が弾むこともあるでしょうが、女性と話がしたいのであれば、個人的な時間を作って、そのお店に行って、話をすればいいと思います。それが、接待の場を設定してくれた取引先企業への気づかいです。

歯科医の業界に限らず、どんな業種でも同じです。接待を受けたときには、**「接待の目的は何か」を意識してふるまう**ようにしましょう。

経営者との飲み会ではセットメニューを頼む

会社の経営者が、自社の社員を誘って食事に行く機会は少なくないでしょう。支払いは、経営者である社長のポケットマネーだったり、あるいは会社の経費だったりとなることが多いはずです。

そういう場では、「なんでも好きなものを頼みなさい」と言われるかもしれません。そのため、寿司屋であれば、最初に「大トロ」や「ウニ」を、焼き肉屋であれば、「特上カルビ」を注文する。飲み物も、高いワインのボトルを選んでもいいように思うでしょう。しかし、それはビジネスパーソンとして品がない行為です。もし、「なんでも好きなものを食べなさい」と言われたとしても、です。

私は、今も若い頃も、そういう場では、**セットメニュー**を頼んでいます。にぎりのセットであったり、焼き肉屋では定食だったり……。

そのほうが、**お互い気持ちよく食事ができる**と思うのです。**自分が食べたい高級なものは自分のお金で食べる。自分がしたいことは自分でできるようになる。**これをマイルール化してはどうでしょうか。

もし、会社で経営者を含めて飲み会をするのであれば、幹事役の社員が気を利かせて、最初からコースメニューにすると、食べるほうも、お金を払うほうも気をつかいません。最初から取り分けてあるコースであれば、誰もが気をつかうことなく、話に集中できます。

新型コロナウイルスの影響で、大皿の料理を食べる機会は少ないかもしれませんが、心得ておきましょう。

「仕事をさせてもらっている」という気持ちをもつ

私は、講座を開くにしても、本をつくるにしても、チームをつくって動きます。私一人では、できることに限りがあるからです。動画をつくるプロ、書籍編集のプロ、集客のプロなど、プロジェクトごとにそれぞれの専門家が集まって、仕事をしていきます。何年も協力してくれているスタッフもいますし、一度だけの方もいます。

何年も協力してくれているスタッフの中にMさんという方がいます。私の知る限り、知的な企画を立てさせたら、Mさんの右に出る人はいないでしょう。頭が抜群によく、職人としての技術はピカイチで、SNSでの情報発信や講座の資料づくりの手伝いをしてもらうことがあります。

ただ時々、その優秀さがチームを乱すことがあるのです。

チームで打ち合わせをしているときに、「その企画では、私が入る意味がない」と発言したりする。熱が入りすぎると、ときどきキレることもあります。

すると、チームの雰囲気が一気に悪くなってしまいます。

たしかにMさんは優秀です。プライドもあるでしょう。けれど、チームを乱さずに意見を伝えることもできるはずです。せっかく能力があるのにもったいないことです。


自分が唯一無二の存在なら話は別です。「日本で（あるいは世界で）、自分にしかできない能力がある」のなら、自分の意見を押し通すのもいいかもしれません。

唯一無二の技術や能力があれば、周囲はその人の意見に耳を傾けてくれるでしょう。

多少いばっていても、行列のできる仕事人になれる可能性は高いでしょう。

しかし、たいていの人はそうではありません。

つまり、チームのおかげで自分がいる、自分がいるからチームが動く、という相互関係なのです。そういう構造なのに、我を出しすぎて和を乱すと、チームがゴールから遠のいてしまいます。

今、仕事ができているのは、仕事を与えてくれる人がいて、たまたま自分を知り、「自分の能力に価値がある」と認めてもらっているからです。

常に相手に仕事をさせてもらっている、という気持ちをもち続けなければいけません。これは、仕事をしていく上で欠かせない心構えです。

私の場合もそうです。「出版社から本を出す」ことに関して言えば、私じゃなくてもいいわけです。

著者になりたい人はたくさんいます。私ではなく、ほかの新人発掘に時間をかける、という選択肢もあるでしょう。

にもかかわらず、声をかけていただけるのは、ありがたいことなので、「仕事をさせてもらっている」という気持ちは常に忘れないようにしています。

だからこそ、いろんな出版社の編集の方が声をかけてくれるのだと思います。

相手の意見を認めた上で自分の意見を述べる

「仕事をさせてもらっているんだから、自分の意見を言ってはいけない」というわけではありません。相手に対して意見を言う際には、言い方に気をつければいいのです。

意見を言うときは、次のようなステップを踏むといいでしょう。

「それはいいですね」と言った上で、
「こういう企画にすると、さらによくなるんじゃないでしょうか」
と自分の意見を述べる。

相手の立場を考え、いったん相手の意見を受け入れる。相手を立てた上で、自分の意見を伝える。これが、仕事で意見を述べる上での相手への気づかいです。

どんな仕事も一人ではできません。

その仕事に関わる人全員が、それぞれの役割を果たすことで、成功します。一人だけが我を通せば、雰囲気も悪くなり、うまくいくものもうまくいかなくなります。

全体のチームとして仕事が成り立っているので、常に「チームがよろこぶ選択」を心がけましょう。


出版社で企業出版の営業をしている男性から相談を受けました。

一般的な書籍の出版（商業出版）の場合は、出版社が本をつくる費用を負担します。それに対して、企業出版は著者が出版にかかる費用を負担して本をつくります。

その企業出版の営業をしている男性は、リストを基に毎日100件ほど、経営者に電話をかけて、「本をつくりませんか」と営業してアポイントを取り、実際に会ってもらい、企業出版の契約まで取るのが仕事です。

このアポイントはなかなか取れず、アポイントが取れても、契約までこぎつけるのは本当に数パーセントだそうです。「井上先生、どうすればいいと思いますか」という相談でした。この場合も、相手がよろこぶことがポイントで、私が伝えたアドバイスは次の5つです。

【営業で契約を取るための5つのアドバイス】

①「選ばれた特別な人」であると伝える
②同業種、または類似の業種で企業出版をした人の成功例を提示する
③不安を取り除く
④業界における自社の価値を紹介する
⑤テレアポよりも人に紹介してもらう

①「選ばれた特別な人」であると伝える

人は「あなたは特別」と言われるとうれしいものです。

ですので、電話をかけるときに**「誰にでも電話をかけているわけではない」**ことをアピールします。

企業出版の出版社でなら、「本は集客に結びつける力が強いので、本を出したい方はたくさんいらっしゃるんです。弊社には良書を出版していくという使命があります。ですので、社内で一定の審査基準があって、その基準を満たした方にしかお電話していないんです」と伝えます。

「自分が社会的に選ばれる価値がある人物である」「自分は社会的ステータスがある」と感じられ、承認欲求が満たされます。するとよろこんでもらえます。

②同業種、または類似の業種で企業出版をした人の成功例を提示する

人は何かを決めたり、行動したりするときに、他者の行動を参考にしたり、真似たりする傾向があります。心理学では**「社会的証明の原理」**と言われます。かんたんに言えば、**人は社会的に「いい」と証明されているものに心を動かされる**、ということです。多くの人がSNSに「おいしい」と書き込まれたラーメン屋に並び、行列ができるのはこのためです。

同業種、または類似の業種で、企業出版によってチャンスをつかんだ事例があれば、紹介したり、献本したりするようにすれば、企業出版の価値を理解してもらえる可能性が高まります。もし、負けん気の強い方であれば、「あの人が本を出しているなら、私も出してみよう」と思ってくれるかもしれません。

③不安を取り除く

どんな商品であっても、使い方がわからなかったり、疑問に思うことがあります。不安に思うことがないか、こちらから聞いてあげたり、聞かれる前に説明するようにします。

いきなり「本を出しませんか」と言われたら、「文章を書くのは苦手」「まさか本なんて書けるわけがない。作家でもあるまいし」と多くの人が思います。

でも、出版社の方に聞くと、本づくりでは、ベテランのライターがインタビューをして、それをライターがまとめるケースが少なくないと聞きます。そのことを早めの段階で伝えてあげれば、不安を払拭してあげられます。

相手の不安を取り除くことは、営業の大切な気づかいです。

④業界における自社の価値を紹介する

何かを売るということは、自社の価値も一緒に売ることです。

たとえば、トヨタの自動車を売るとすれば、トヨタというブランドも一緒に売ることになります。価格には、「トヨタがつくった」という価値も反映されます。

価値があると思うから、人は、それに見合ったお金を出します。

ですから、営業では、自分の会社が業界においてどんな価値を提供しているのか、示していくことが大切です。

企業出版の出版社であれば、「いろんな出版社がありますが、弊社では、これまで、○○さんや○○さんという著者の方が価値ある本を書いてくださり、弊社を支えてくださっています」というように具体的に紹介していきます。しっかり自社の価値を紹介できれば、「そういう出版社だったら、自分も本を出してみたい」と思ってもらえるでしょう。

⑤テレアポよりも人に紹介してもらう

テレアポは電話をかけてアポイントを取るのが仕事ですが、本質は、契約が取れればいいわけですから、今までその商品を買った人に紹介してもらうのが近道です。

企業出版ですでに本を出した歯科医の先生がいるのなら、**「ほかのお付き合いのある先生を紹介していただけないでしょうか」**と紹介してもらえば、話は早いです。

「○○先生の紹介なら安心だし、会うだけ会ってみようかな」と思ってもらえる確率が高いです。

ただし、紹介してもらうには**その人に気に入られることが大前提**です。気に入っている営業マンからの頼みであれば、「いいよ、紹介するよ」と返事がしたくなるものです。**気に入られるには普段から気づかいを心がけ、信頼されること**が必要です。

どうやったら信頼してもらえるのかは、次の項目で紹介します。

この5つのことは、営業の方向けにアドバイスをした例ですが、営業に限らず、相手によろこんでもらうエッセンスがつまった気づかいです。

ぜひ、この話を参考に自分のお仕事に応用してみてください。

営業は営業のプロから、気づかいは気づかいのプロから学ぶ

私のところへは、よく営業の電話がかかってきたり、ダイレクトメールが送られてきたりします。治療中など仕事中以外で**時間があるときは、あえて営業の電話に対応するようにしています。**

「井上ですが、どういうお話ですか？」と聞いて、詳しく話してもらいます。

それは、**営業の方法を学ぶため**です。いくら本を読んでも、身につけられる営業の知識には限りがあります。それに比べて**「実際の営業の方に、営業をされる」という経験には、学びがたくさんあります。**いわば、学びの宝庫です。

自己啓発プログラムのセミナーも、集客のために無料や安価な席が販売されていることがあります。プログラム教材を持っていたとしても、行ってみると学ぶことは多いの

です。ぼーっと聞いているのではなくて、「営業を学ぼう」という姿勢で聴くのです。


どんな言葉を使っているのか。

どんな言葉に心を動かされるか。

クロージングはどうやっているのか。


こうすると自分の営業の引き出しがどんどん増えていきます。

セールスされたものは、最終的には買わないことがほとんどなので、**断るテクニックも上達**していきます。これも学びです。


気づかいも同じです。

気づかいを学びたければ、気づかいされる側になってみることです。たとえば、**飛行機に乗ったときの客室乗務員の対応、一流のホテルで働く人たちの身のこなしや言葉づかい。**そうしたところに、学びはあふれています。

一流を身につけたければ、一流から学ぶ

私は、人生においてこだわっていることがあります。

それは、**「一流」になること**です。医学生だったときから「一流」にこだわり、「一流の歯科医師」になることを目指していました。

では、「一流」とは何か。私は一流を次のように定義しています。

- **容姿、仕事、運動など、なんでも完璧である**
- **今だけではなく、未来に対して継続的な価値を生み出せる**

「気づかい」においても、一流を目指しています。

「一流」であるために心がけているのは、自分よりも結果を出している人から学ぶことです。**「この人のようになりたい」「この人は尊敬できる」**というお手本となる人を**見つけて、考え方を学び、真似をしていく**のです。

もし、身近にいないのであれば、尊敬できる経営者や知識人の本を読んだり、講演を聴きに行き、勉強するようにします。

おもてなし場所は「自分のフィールド」がベスト

今、私は筋トレに加えて、初代ROAD FCミドル級王者で、格闘家の大山峻護《おおやましゅんご》さんにパーソナルでボクシングを学んでいます。

ボクシングは、相手との距離が大切です。

最初はある程度距離を取ります。こっちは構えて様子を見ている。相手はなかなか打ってこない。観客が見ている。審判は「打ち合え」と言ってくる。すると、耐えきれなくなって、距離を詰めてしまいパンチを出す。自分は守りの態勢のまま、相手の領域に入ることになります。

相手の領域に一歩入ると、ボコボコにされます。周りがなんと言っても、相手の領域に入っていかずに、我慢して、自分の領域に相手を引き入れたほうが勝利します。**自分のベストポジションの中に相手がくれば、勝利する可能性が高まります。**

ビジネスも同じです。

相手の領域に入っていくと、飲まれたり、食われたりする。逆に**自分の領域なら、パフォーマンスは上がり、おもてなしをしながらビジネスを進められます**。

たとえば、新しく取引をするお客様を自社に招いて打ち合わせをすれば、自社の効率化された工場を見てもらえますし、上司の紹介もしやすくなります。

接待も同様です。

大切な人と会食をする場合、自分の行きつけの店をつくっておいて、そこに案内すると、おもてなしを十分にできます。

行きつけの店が、ロケーションやシェフの腕がワンランク上の店であれば、相手をまずは感動させられます。高級店ではない場合は、ほかで食べられない料理を出したり、気づかいが細やかな店を選ぶといいでしょう。

行きつけの店であれば、こちらからの気づかいが思いのままにできます。

たとえば、サプライズで特別なプレートを用意してもらう、相手の好みの飲み物を用意してもらう…など。

お会計は、あらかじめ「自分が払う」と店の人に伝えておけば、相手が気をつかって会計をしようとしても、「もう、お会計は済んでいます」と伝えてもらえる。

お会計がスムーズにできれば、その流れでタイミングよく帰りのタクシーを呼んでもらうこともできます。

自分のフィールドであれば、細かいところまで気づかいを行き届かせられます。もしかしたら、相手は恐縮してしまうかもしれません。

ビジネスの世界には、有名な**「返報性の法則」**があります。自分が相手から受けた行為に対して、「お返しをしたい」と感じる心理のことです。

身近なところでは、デパ地下での新製品の試食。「食べるだけ食べて、何も買わないのは悪いから」と、ついその食品を購入してしまう…という経験はありませんか。

これは、社会心理学者のロバート・B・チャルディーニが、著書『影響力の武器』(誠信書房)で、説得の技術として紹介している有名な法則です。

説得や交渉の際に使うと有利に進められると言われます。

自分のフィールドで、相手が恐縮するほどの接待ができれば、「こんなによくしていただいたのだから、何かの形でお返しをしなくては」と思ってもらえます。

しかし、あくまでも**「相手によろこんでもらいたい」という気持ちを第一**にします。

自分がよろこんでもらいたいという気持ちで接することで、相手は、心からよろこんでくれます。

それによって、**自然と「ビジネスがうまくいく」というおまけ**がついてくるのです。

社内への気づかいは、自分のファンをつくるつもりでやる

自分の営業の数字を上げたければ、お客さんに好かれる必要があります。しかし、同じくらい大切なのが、**社内で自分のファンをつくること**です。周りの人にどう動いてもらうかで結果が変わるからです。

ファンをつくるときに欠かせないのが**普段からの気づかい**です。

私は、大学院生時代、ほかの歯科医院で週一回、歯科医としてアルバイトをしていたことがあります。

報酬は基本給のほかに歩合制です。もし、ある程度売上を上げたいと思えば、高額な治療をする患者さんの予約だけを担当する、という方法もあります。

そのためには、受付のスタッフが、数人いる歯科医のアルバイトのうち、「高額な治療の患者さんは井上先生に回そう」と思ってもらう人になることです。

院内のスタッフからも患者さんからも好かれるには、治療の腕はもちろんのこと、安心感があり、清潔感があり、手のぬくもりもあり、知識があり、気づかいもできること。つまり、医師として信頼され、好感をもたれる見た目や印象であること。

それが揃ってはじめて、好かれて、売上が伸びていきます。

これは、歯科医に限りません。ビジネスパーソンが「見た目」を意識することは、「自分の職業にふさわしい見た目」を意識するという意味であり、決して浮ついたことではないのです。

こうして実力も見た目も磨き上げれば、**会社でも、お客さんからも、社内のスタッフからも好かれてファンができ、売上は上がっていきます。**

社内でファンをつくるためには、**コミュニケーションもしっかりすること**です。

私の場合は、アカデミックなコミュニケーションを取ることも大切にしています。勉強会に行ったら、わかりやすく資料をつくってスタッフに配布して、**学んできたことをシェア**します。**「みんな読んで、何かに役立てて」**と。

社内でのファンづくりのためにできることを探し、実行してみましょう。

気難しい人への悩みがなくなる気づかい

ある出版社の編集者から相談を受けました。

「とてもいいコンテンツを持っている著者さんと一緒に本をつくっているんですが、いかんせん、すぐに怒ってやりにくい。こちらが、『ここは違うと思います』と言おうものなら、真っ赤になって怒ってくるから、何も言えない。一緒にモノづくりができないんです。どうしたらいいと思いますか」

いい仕事はする。能力は高い。けれど、コミュニケーションがうまく取れない。こういう個性をもった人はどこの会社や組織にも、一人や二人はいるのではないでしょうか。私の周りにもいます。結論からいえば、対応としては、**「結果にフォーカスして、譲れるものはすべて譲る」**ことです。

「いい本をつくる」「売れる本をつくる」という結果を求めているのであれば、その結果に注目して、それ以外は**いちいち感情をもち込まない**ようにします。

「いい商品を生み出す」という結果を求めているのであれば、「いい商品を生み出す」ことに注目して、職人のがんこさや、口の悪さに右往左往しないことです。

それよりも、**相手のよさを生かしてよりいいものをつくり上げることに注力**します。

みんながケーキを食べているときに、「俺は大福が食べたい」と言いだしたら、「そうなんだね。大福買ってきてあげるよ」と受け止めればいいのです。

そもそも「いい商品を生み出す人」「いいコンテンツを考える人」は、職人気質で強いこだわりをもっています。そうでなければ、何かを生み出すのは難しいです。

強いこだわりがあると、どうしても視野が狭くなります。確固たる自分の世界観をもっていますから、相手に合わせたり、相手を立てるような柔軟なコミュニケーションを取ったりできない場合が多いのです。

こうした職人気質の人とうまく付き合うための気づかいのポイントは2つです。

①やりあわない
②相手を認める

①やりあわない

相手が強い口調で言ってきたときに、相手のペースに乗らないことです。**相手が打ってきた強い球を打ち返すと、また強い球が返ってきます。強く言ってきても、普通の口調で「そうですね」と軽く返せばいいんです。**

強い言葉が飛んでくると、人は「責められた」「自分が悪いんだ」という拒絶された気持ちになってしまいます。しかし、強い言葉を投げている人は誰に対しても同じ態度をとるもので、そのせいで、実は本人が「人に拒絶される」経験を多くしているものです。

だからこそ、そんなときは**相手の気持ちを受け止めてあげるやさしさ**が大切です。

すると、相手は「あれ、この人は自分に攻撃してこないぞ」と安心感を抱いてうれしくなり、むしろ協力的になってくれることが多々あります。そのためにも相手がため込んでいるものを発散させてみましょう。

人間関係は、自分の捉え方が変わると、すぐに相手も変わるものです。

②相手を認める

相手の意見が自分の意見と異なっていたとしても、**「それは違います」と反論しないように**します。逆に、**「そうなんですね」とまるごと認めてあげる。**

いいところも、そうじゃないところも、その人の個性です。

無理に変えようとすれば、その人らしさが失われます。ですから否定はしない。

むしろ、「いいところ」にフォーカスします。「○○さんは気づいていらっしゃらないかもしれませんが、こういうところがすごく魅力的だと思います」「この意見が素晴らしいと思いました」と伝えてあげる。

こうした気づかいをすることで、その人のよさに磨きがかかり、さらに伸びます。

結果としても、最高の成果が出せるようになるでしょう。

第3章

「ワンランク上」の気づかい

1枚の付せんで上司の心をつかむ

朝、ちょっと私が席を外している間に、院長室（私の部屋）のデスクにコーヒーが置かれ、**付せんに書いたメモが添えられている**ことがあります。

「院長、コーヒーをお淹れしました。今日も1日よろしくお願いいたします」

これは、ただ、**コーヒーが置かれているよりもうれしいし、**ホッとします。

付せんメモは、顔を合わさないときにできる、簡単だけど記憶に残るコミュニケーションツールです。

上司よりも先に帰るときに、

「今日はお先に失礼させていただきます。○○さんもお気をつけてお帰りください」

「風邪が流行っていますので、お気をつけてお帰りください」

というちょっと相手を思いやるコメントをつけた付せんを上司のデスクに貼っておくと、**心のやりとり**ができます。

何も言わないで黙って帰る社員がほとんどなので、1枚の付せんメモで、がらっと自分の印象を変えることができます。


上司の心をつかむもうひとつの気づかいは、上司に出したお茶の一杯目がなくなりそうなタイミングで、**「新しいのをお淹れしましょうか」と声をかけること**です。

企業や県議会で、お茶出しを廃止する動きがあります。新型コロナウイルスの影響もあるようです。しかし、上司や来客者にお茶を出すことが習慣になっている会社もあるでしょう。もし、お茶出しが習慣なら、ぜひ、やってみてください。

その際は、つぎ足すのではなく、**新しいお茶に取り替えるのがポイント**です。

確認作業では上司に時間を取らせない

仕事で上司に確認をお願いすることは、日常茶飯事です。会議の資料や企画書、会社宛てに届いた贈答品のお礼状など、上司に確認を取り、OKをもらってから提出するのはビジネスパーソンなら多くの人が経験していることです。

上司に確認してもらうときに、必ず気をつけたいことがあります。それは、

「自分としては100％このまま出せる」

「全力を尽くした」

という段階までやった上で「見ていただけないでしょうか」と見せることです。

もし、不十分な状態で提出した場合、それをチェックする上司は二度手間、三度手間をかけなければなりません。

「あれ？　入れるように伝えた内容が、一部抜けているね」

「この数字、一桁間違っているんじゃないかな？」

「この企画書のレイアウトでは、ぎっしりしすぎて見づらいね」

部下の仕事をチェックするのは、上司の仕事です。

そして、上司の仕事を少しでも軽くするのは、部下の仕事です。**上司の仕事を軽くできる部下は、「デキる部下」としてどんどん引き上げてもらえます。**

「どうすれば、上司をラクさせられるか」を考える

私が経営する歯科医院では、いらっしゃった患者さんに問診票を書いていただきます。先日、問診票のフォーマットを新しくしました。作成するのは受付部門です。受付部門がつくったものを、私が確認し、ＯＫを出したものが、正式に医院で使われることになります。

作成段階で、「見てほしい」と私のところにフォーマットが上がってきました。

それは手書きで書かれたものでした。実際はそれをWordで作成して仕上げるとのことでした。

内容はよくできていました。個人情報はもちろん、治療の希望など含め、過不足なく患者さんにお聞きしたいことが網羅されていました。

しかし、手書きの下書きでは、文字の書体や大きさまでわかりません。レイアウトもわからないし、文字の間隔もゆとりがあって見やすいかどうか判断がつきません。完成形の確認をしないまま、医院で使うわけにはいきません。つまり、レイアウトを組んだ状態で、あらためて私が確認する必要があります。

スタッフは、入れる要素だけを確認したかったのかもしれません。Wordでつくってから確認に出して、要素が「多かった」「足りなかった」となると、修正が大変だと思ったのかもしれません。その気持ちはわからないでもありません。

しかし、**気づかいの視点**で考えると、完成形を提出することが相手の手間を省く気づかいになります。

クオリティの高い仕事は、成長への近道

クオリティの高いものを上司に見せると自分にもメリットがあります。

それは、**クオリティの高いアドバイスをもらえる確率が高まること**です。

「この部下は、ここまではできている。もっと一段階上のアドバイスをしても、成し遂げられるだろう」と判断されれば、どんどん上質なアドバイスがもらえますから、自分の成長のスピードも速くなります。


もちろん、仕事によっては進捗状況の報告が必要なケースもあるでしょう。「途中段階で見せてほしい」という上司もいるかもしれません。

心配であれば、あらかじめ上司と相談して、どの段階で見せればいいか、聞いておくといいと思います。

一般的には**「自分としては100%このまま出せる」という段階で見せることが、上司への最低限の気づかい**です。
上司に確認が必要な資料を提出する際、事前に確認すべきポイントは次の3点です。

【上司に提出する際に事前に確認すべき3つのポイント】

①言われた要素がすべて入っている
②自分なりのよりよくするための工夫がある
③誤字脱字がない

①言われた要素がすべて入っている

上司に言われた要素がすべて書類に入っているか、漏れがないかを確認します。

②自分なりのよりよくするための工夫がある

言われたことだけをやるのではなく、そこに自分なりの工夫を加えます。期待した以上の書類ができていれば、あなたの評価が高まります。

③誤字脱字がない

社会人である以上、書類に誤字脱字がないように気をつけましょう。わからない文字は必ず辞書で引くようにします。

これらをクリアにした上で提出できれば、上司の仕事がラクになり、かわいがられる部下になれるはずです。

「問題解決」は上司の仕事であり、部下を大切に思う気持ちの体現

私が経営する歯科医院では、誰でも働きながら成長できるように、教育プログラムを整備して力量の標準化を図っています。

あるとき、私の医院で働き始めたばかりの歯科衛生士Aさんに「CT撮影の教育プログラムは受けた？」と聞くと、「まだやっていません」という返事が返ってきました。

歯科衛生士の教育を担当しているBドクターに、

「彼女の教育プログラムはどうなっているのかな」と確認すると、

「途中だったみたいで、先輩の歯科衛生士が継続して教育することになっています」

という報告でした。

決めていた教育プログラムがきちんと実施されていなかったのです。こうした問題

が起きたときは、Bドクターのような報告は決していいとは言えません。

問題が起きたときは、次の2ステップで対応するようにします。

①本質的な問題点を明確にして解決策を考え、同じ問題が再発しないようにする
②目の前で起きている問題を手当てする（この場合は、Aさんのプログラムの再開）

本来であれば、

「連絡が不十分で、Aさんの教育プログラムが止まっていました。今後は、いつからいつまでプログラムが実施され、どう評価されるかを明確に伝えるようにします。Aさんのプログラムは、◯日に再開して、◯日までには終わるようにします」

と報告すべきです。


問題が起きた真の原因をまずは考えることが大切なのです。

水道管の水漏れが起きたときに、ひびの入ったところを接着剤で手当てする。一時的には水漏れを防げるでしょう。

もしかしたら、原因は水道管全体の老朽化かもしれませんし、どこかにゴミが詰まっていて、ある場所だけ水圧が高くなって、水漏れが起きている可能性もあります。根本的な解決をしなければ、また水漏れは起きるでしょうし、放置すれば、水道管が破裂するなど、さらに大きな被害になる可能性もあります。

問題が起きたときには、**必ず、真の原因は何か（＝問題の本質）を見極める**必要があります。

問題が社員に関わることであれば、なおさらです。

自分だけ教育プログラムを受けていなかったり、途中でストップしたりしていれば、本人は悲しみますし、何よりも成長の機会を逃します。

同じような人を出さないことが、上司としての気づかいであり、快適に滞りなく水が循環するように注意するのが、上司の役割でもあります。

部下が必ず成長する教え方と関係性の築き方

部下を育てるには、結果を出させ、成長させることが重要になってきます。

そのためにはハードな課題を出し、取り組ませることが重要だと考えがちです。

スポーツの世界でいえば、激しいトレーニング、苦しいトレーニングを積めば、結果が出るし、成功につながると考えてしまうのです。

しかし、部下を育てようと思うなら、第一段階として、**相手が「トレーニングそのものを前向きに受け入れよう」という気持ちになること**が大切です。

いったん受け入れる気持ちになり、頑張り始めると、助走がついて成長が加速します。

トレーニングを受け入れようという気持ちになるまでは、根気強く寄り添います。

第一段階では、相手が少し努力すれば、達成できる課題を与えてあげる。1回でできないときは、「なぜ、できないんだ」と言う代わりに、指導する側が、

「どうすれば、2回目ができるようになるか」

を考えて、本人に寄り添った助言をします。

2回目ができなければ、

「どうすれば、3回目ができるようになるか」

を考えて、本人に寄り添った助言をする。

できるようになるまでは、粘り強く続けていきます。

「そんなことをしていては、なかなか前に進まない」と考える人もいます。

ですが、実際は、**少しずつ積み上げていったほうが、遠回りに見えて近道**です。

青山学院大学を箱根駅伝優勝に導いた同大学陸上競技部監督の原晋さんも、箱根駅伝優勝というミッションをクリアできた理由として、「その子の能力の行き過ぎたもの（目標）は、妄想に過ぎないので、その子の能力の半歩先を見据えて、そこを成果として、当たり前のベースとしていく」。

そして、「それを連続していくことだ」と語っています。

自信がつけば積極性が芽生える

私の歯科医院でも、**できるようになったら「次」、それができるようになったら「次」という指導**をしています。

たとえば、「電話取次ぎ」の業務があります。

最初は、どう出ればいいかわからないので、細かく教えます。まずは、「具体的に、誰がどのような用事で院長に電話をかけてきたのか、聞く」というところまで教えています。

しかし、これだけでも、いざ本番になるとうっかり忘れることがあります。

「院長、外からお電話です」と言って、私に取り次がれることもしばしば。

そんなとき私は、もう一度、

「誰がどのような用事で私（院長）に電話なのか、聞いてください」

と言って返します。


これが、できるようになったら、次のステップです。

「院長が出るべき電話（患者さんや知人からの電話など）」と「出なくていい電話（セールスの電話など）」があるから、「出なくていい電話」がかかってきたら、「院長は、今はそのような電話はお断りしています、と伝えて」と教えます。

部下を育てるには根気が必要です。


「電話取次ぎの業務なんて、最初にひととおり教えれば、すぐにできるようになる」

と考える人もいるかもしれません。

最初からすぐできれば、誰も苦労はしません。できないことを**ひとつひとつ丁寧に教えていく**。それから、ことあるごとに「この間、あるお店に電話したら、こんな言葉づかいで、こんな対応だった。ものすごく感動したよ」と**経験談を話します**。

すると、だんだんできるようになっていきます。**自信がついてくれば、積極的に業務に取り組むようにもなります。こちらが何も言わなくても、自分で「どういう電話の接客対応がいちばんいいのか」考えるようになってきます。**

私の歯科医院でも電話対応の女性が、**「院長、いい電話対応をするには、どんな本を読んだらいいですか」**と聞いてくるようになりました。自分から「もっといい電話対応がしたい」という気持ちが芽生えれば、成長がもっと早くなります。電話対応に限らず、ほかの業務も積極的に取り組んでくれます。

部下とはオープンマインドで話せる環境をつくる

上司と部下は、オープンマインドで、会話しやすい雰囲気をつくっておくことが大切です。オープンマインドとは、「わだかまりなく、自分の気持ちを伝え、他者も受け入れること」です。

上司は、部下が失敗したり、仕事をなかなか覚えたりしないときにも、決して怒らないことです。今、やってもらっている仕事について何か聞かれたとき、

「前にも教えただろう！」

「なんで、何度言ってもできないんだ」

と言う代わりに、

「こうするんだよ」

と何度でも教えるようにします。

オープンマインドでコミュニケーションをしていれば、部下は、「**完璧にできていなくても、上司に話しかけていいんだ。相談してもいいんだ**」と思います。

すると、**問題を抱えたときにも、相談をしてくれるようになりますから、本当の問題が見えやすくなります。**

もし、話しづらい上司だったらどうでしょうか。

問題を抱えてても、隠したり、取り繕ったりします。すると、小さかったはずの問題が、大きくなり、取り返しがつかない場合もあります。

焦らずに部下を育てることで絆が深まる

人を成長させるときの気づかいでは、焦らないことが大切です。

柴村恵美子さんという女性がいます。実業家の斎藤一人さんの一番弟子で、全国高額納税者番付で、一人さんが1位になったときに、ご自身も全国86位の快挙を果たしています。大成功を収めている人です。私と同じ、十勝出身というご縁から、何度もお会いさせていただきました。いつも天国言葉（人生をポジティブにする前向きな言葉）を使われていて、会うたびにエネルギーをいただきます。

一人さんは、この恵美子さんに「本を書きなさい」と何回も言ったそうです。でもなかなか書かない。

そのときに、**「10回言って書かなければ、20回言えばいい。100回言って書かなければ、101回言えばいい」**と考えて、言い続けたそうです。

恵美子さんは、今では何冊も本を出されています。

一人さんも、自分の弟子を育てる過程では、**焦らずに、できるまで言い続けることを大切にした**のです。すると、**師弟の絆は深くなります。**会社の上司と部下も同じではないでしょうか。

部下からの相談は、「黙って聞く」か「大丈夫、と伝える」かの2択

ある人に、深刻な相談をされたことがあります。

そのとき、私は黙って相手の話を聞きました。全部聞き終えた上で、

「大丈夫。心配ないと思う」

と伝えました。


その人は、「コーチとして多くの方にアドバイスをしていらっしゃるのに、ただ静かに私の話に耳を傾けてくださってありがとうございました」と言ってくれました。


実は、私はこのように**話を黙って聞く**ことが少なくありません。

特に部下からの相談は、黙って聞くことが多いです。

人から話を聞いたときに、「私はこう思うよ」と意見を述べたり、「こうしたらどうかな」とアドバイスするのは、相手に対する気づかいであり、やさしさです。

ただ、**意見を言わないことが気づかいややさしさになることもあります。**

人は、多くの場合、誰かに相談するとき、意見を求めているのではありません。

自分の気持ちや意見を、**まずは「受け止めてもらいたい」**と思い、**次に「肯定してもらいたい」**と考えます。

だから、**よく話を聞いた上で、「○○さんだったら、大丈夫。私はそう思うよ」**と言うだけで、だいたい相手は納得します。根拠はいらない。言わなくていいのです。

特に私の歯科医院で働く若い方を見ていると、「もっとやれよ」というのは逆効果だと感じます。相手を苦しめてしまいます。

若い人に対しては、現状を受け入れてあげることが大切です。

アドバイスする場合は、直接ではなく、距離を取ります。

たとえば、朝礼などのときに、みんながいる前で、**その人へのアドバイスとしてではなく、全体へのアドバイスとして**次のように伝えます。

「私はこういうマインドで仕事をしている。壁にぶち当たったときは、こうやって乗り越えてきました」

失敗をして落ち込んでいるときに、面と向かって言うと、相手は重く感じ、身構えてしまいます。「井上先生と私は違います」という思いが生まれたり、直接言葉になって跳ね返ったりしてくることもあります。こちらの話が届きづらいのです。

部下にアドバイスをするときの気づかいのポイントは、相手の立場になって考えてみることです。

また、「直接アドバイスがほしい」と思っている人に対しては、

「この人が受け入れられるアドバイスは何か」

「どんなシチュエーションなら受け入れられるか」

この2つを考えた上で、アドバイスをすると、相手の心に届くようになります。

たとえば、仕事やレスポンスが常に早いけれど、ときどき粗さが出るスタッフには、相手の「仕事が早いこと」でどれだけ助かっているかを伝えた上で、

「もっといろんなことを任せたいから、最後の仕上げではスピードを気にせずに確認をしてほしい。そしたら、君は今の倍以上に仕事ができる人になるよ」

と伝えると、今の状態を否定せずに将来へつながる話ができるので、相手は受け入れやすく、改善のイメージも湧きやすくなります。

自分が言いたいことを言うのではなく、どんな助言だったら、相手は受け入れられるのか、相手目線を大切にしましょう。

部下の「仕事の歩幅」に無理はないか確認する

職場に新しい若い人が入ってくると、面倒見のいい先輩として、あるいは経営者として「この人を引き立ててあげよう」「活躍する場をつくってあげよう」と思うことがあります。

そこで、ついつい、いろんな人を紹介したり、チャンスをつかめそうな仕事を次々とふったりします。

最初は、若い人も、新しい世界を見られるのでうれしいし、頑張ります。けれど、人によっては能力や努力が追いついていかないこともあります。

すると、大きな失敗をすることもあり、萎縮してパフォーマンスを発揮しきれなくなることもあります。

活躍したいけど実力が伴わない。大きな仕事をやっていきたいけど、力不足で成し遂げられない。すると、理想とのギャップで心がちぐはぐになってきてしまいます。

私はそういう人に気づいたときは、**「無理しなくてもいいよ」**と声をかけるようにしています。そして、

「自分の経験から、Aという仕事をやり遂げたことで、壁をひとつ乗り越えることができた。そして、今の自分になれた。だから、**あなたにもやってもらえたらと思ったんだよ。あなたの役に立ちたかったからね」**

と添えます。

このような言葉をかけて、**相手の行き詰まった心を解放**してあげるのです。

そう言われた部下の大半は、しばらく時間を置くと、自分から

「やっぱり、私、頑張ります」と言ってくれます。

大事なポイントは、**部下を追い詰めないこと**です。

「もっと、ちゃんとしてよ」「なんでできないんだよ」と責めないことです。

仕事のペースがつかめるまでは上司が量を調整する

人によって、仕事を進めることができる歩幅（＝どれくらいずつ進められるか）は異なります。

仕事のできるベテランであれば、大股でどんどん仕事をこなしていけます。ですが、まだ右も左もわからない新人は自分の歩幅さえわかりません。本当は、50センチずつしか進めないのに、無理に大股で歩こうとすると転んでしまいます。

相手の状況を見てそれを受け入れてあげる。できない状況であれば、**「無理しなくていいよ」**と声をかける。

それでも、本人がやってみたいのであれば、**「Baby steps（ベビーステップス）」方式で応援**します。

「Baby steps」とは、英語で「(赤ちゃんの歩みのように）少しずつでいいよ」と励ます言葉です。必要なのは、**小さくていいから最初の一歩を踏み出し、少しずつでいいから歩みを重ね、前に進めさせてあげること**です。そして、歩幅を崩さないように伴走し、ペースをつくってあげます。

課題を投げかけ、「どれくらいの分量ならできるのか」様子を見ながら、こちらが調整してあげます。

相手が自分の歩幅を理解するまで、これを繰り返します。

それが部下を育てるということであり、部下の成長をサポートする気づかいでもあります。

大切な人に会うときは当たり前のマナーを守る

私がよく知っている医大の教授は、医局（研究室）の出入り口に大きな鏡を設置していました。**「マナーを守っていつもきちんとすることが、医師としても大切な心得である」という教え**で、医局医に対して、**「身なりを整えてから入りなさい」**と言っていました。

目上の人に会うときは、きちんとシャツを着て、ネクタイを締めて、ジャケットを着用するのが、マナーであり、気づかいです。

会うときにきちんとした服装をするのは、相手に対して敬意を示すことにつながります。「あなたに会うために、きちんとした服装をしてきました」という意味があるのです。

私の場合は、目上の人に会うときには、**アイロンのかかったスーツ**に、**クリーニングしたシャツ**を着ます。場合によってはネクタイも締めます。

昼間ではなく、**夜の会食で目上の人に会うのであれば、シャツの替えを会社に持っていったほうがいい**と思います。1日着たシャツはどうしてもシワが寄ったり、汗のにおいがしたりすることもあります。

女性の場合は、**あまり派手な格好は避けたほうがいい**と思います。

通勤着であれば、ワンピースにカーディガンでも悪くはありません。しかし、**目上の人に会うのであれば、スーツを着るか、ジャケットを羽織る**ようにします。ビジネスですから、「かわいらしさ」よりも「きちんとした」「落ち着いた」印象を与えられるものがいいでしょう。**メイクもさらっとナチュラル**にして、さわやかな印象を与えられるようにしましょう。

言葉に出さなくても、相手は「きちんとした服装をしてきてくれた」とわかるので、相手に好印象を残すこともできます。

もし、一緒に会食をするのであれば、**相手が手をつける前に自分は手をつけない**こと。「どうぞ、お召し上がりください」と言われたらはじめて箸をつける。「スーツを着ていく」「相手より先に箸をつけない」といったことは、ビジネスマナーとしては、当たり前のことです。

当たり前のことを愚直にやることが、目上の方への最低限の気づかいです。

そのほかにも、名刺交換の仕方やお辞儀の仕方など、基本的なビジネスマナーについては、何冊も本が出ています。

ひととおり目を通して、身につけておきましょう。

私は若い頃、小笠原流礼法（小笠原家に伝わる礼儀作法）やプロトコール・マナー（国際儀礼、世界標準公式マナー）について、本やＤＶＤで徹底的に学びました。

箸の持ち方や置き方、器の持ち方など、和食も洋食も対応できるように勉強しておいたほうがいいでしょう。

勉強すると、手の動かし方がきれいになります。

コーヒーを飲みながら出版社の方から取材を受けていたとき、編集者から、「井上先生はコーヒーカップを持つ手がきれいですね。プライベートでもそうされているのですか」と質問を受けました。正直、質問されてはじめて気づいたことでした。マナーを勉強したおかげで相手にいい印象を与えられたと、うれしい気持ちになった経験です。

面会時間に最高のパフォーマンスが出せる準備

目上の方と会うときに、ワンランク上の気づかいをしたいのであれば、**自分自身を最高の状態にして面会の場に挑む**ようにします。

もし、13時に大切な人に会うのであれば、私は、**13時にベストパフォーマンスが出せるように、朝から自分の管理を徹底**します。

朝はピラティスをします。体幹を鍛え、**姿勢を整える**ためです。

洋服は前の日から準備をして、着ていく服とは別に持っていって1時間前に着替えます。着替えたては、洋服が身体になじまないからです。1時間ほど着ていると、ほどよく動きやすくなり、パリッと感も残っています。

靴はもちろんピカピカに磨いたものです。

食事は、直前には食べ過ぎないように注意します。お腹が出てしまって、見た目に影響するからです。食べ過ぎると眠くなる恐れもあります。

栄養バランスのいい軽い食事をしたり、少し糖質を取ったりして、**脳が活性化する状態**にしておきます。

もちろん、話の内容もきちんと前日までに整理しておきます。

最大限の準備をすることで、**「自分のために準備をしてくれた」ということが言葉にしなくても相手に伝わります**。

すると、面会で得たい結果も手にすることができるのです。

初対面を「次」につなげる印象のつくり方

もし、「えらい人」に自分を印象づけたいと思うのであれば、**はじめての面談のときにかんたんなお土産を渡す**といいと思います。

こんな場面でお菓子の土産を渡す場合は、次の点に気をつけます。

①荷物にならないもの

②手や洋服が汚れないもの

忙しいビジネスパーソンは荷物が多くなるのを嫌います。カバンにさっと入る大きさのものがいいでしょう。それから、仕事の合い間に手を汚さずに食べられる個包装のものを選びます。

たとえば、個包装のミニどら焼きを買っていく。

「先週旅行先でおいしそうなどら焼きを見つけたんです。一口サイズで食べやすそうだったので、5個入りで少ないですが、○○社長はお忙しい方なので、お疲れのときにぜひ召し上がっていただけたらと思いまして」

と言って渡されると、さりげないけれど、印象に残ります。

自分のことを何日も前から思っていてくれていたと思うとうれしいものです。

贈り物の選び方については80ページで詳しく書きましたので参考にしてみてください。

はじめて会ったときの過度な自己PRは逆効果

何の件で「えらい人」に会うかにもよりますが、そのときの基本は、**できるだけ相手に話をしてもらうこと**です。できるだけ聞き役に徹する。話を聞いてもらうと人は気持ちがいいものです。

やってはいけないのは、**自己ＰＲのための資料や自分の作品をたくさん持っていって自分の話ばかりをすることです。**

はじめて会うときに大切なのは、その場であなたのいい印象を残すこと。その場が勝負です。それまでにやってきた過去の実績を知ってもらうことではありません。ましてや、あなたの作品を持ち帰ってもらうのは、相手の荷物になりかねません。

持って帰ってもらいたいのは、あなたの実績ではなく、好印象です。

面談している「今」が大事です。そして、「次」につなげることです。どんなに実績のある人でも、会ったときに好意を抱けなければ、次も会いたいとは思いません。

もし、実績を伝えたいのであれば、**会社に戻ってから、メールなどで面談のお礼を送る際に、「かんたんな自己紹介文をお送りさせていただきます。お時間があるときにお目通しいただけると幸いです」と添えて、短めの自己紹介文を添付すれば**いいでしょう。面談のお礼の書き方は次の項目でお伝えします。

面談のお礼は必ずその日のうちに送る

気づかいのポイントのひとつは**レスポンスを早くすること**です。会った人には、その日のうちにお礼をするのが基本です。

お礼のメールを書くのが難しいという人がいます。

しかし、難しく考える必要はありません。経営者や取引先の役職の方に訪問のお礼をメールするときのポイントは、次の5点を入れて、心を込めて書くことです。

お礼の書き方については、第1章（26ページ）でも触れましたが、ここではより具体的に実際にお礼を書く視点に絞ってお伝えします。

①面談のお礼

②相手の会社をほめる言葉（具体的に）

③相手をほめる言葉（具体的に）
④自分の感想
⑤再び、お礼

【お礼のメール文の例】

本日、貴社にお伺いさせていただいた◯◯です。

お時間を取っていただきありがとうございました。

受付の方からはじまり、みなさん感じがよくて、感動いたしました。

また、私のような若輩者にお時間を取っていただき、●●社長のように成功されている方は、器の大きさが違うと感じ入りました。

今日お会いさせていただいて、本当にうれしかったです。

重ねてお礼申し上げます。ありがとうございました。

負担にならないように、あまり長く書かないことも相手への配慮です。

私は勉強のために、歯科のセミナーに参加する前には、必ず、講師である教授にご挨拶に行きます。

「今日、先生のセミナーを受講させていただきます。よろしくお願いします」

そして、終了後はお礼を伝えに行きます。

「今日は素晴らしい講演をありがとうございました。特に先生の○○のお話が勉強になりました。私も明日から取り入れていきたいと思います。次回の講演も楽しみにしていますので、よろしくお願いいたします」

直接、伝えられないときは、メールをお送りしました。

ある日教授から、「井上くんはスゴい」とほめていただき、「なんのことだろう」と思っていたら、挨拶とお礼の習慣をほめていただいていました。なぜなら、**ほかの受講生たちは、ご挨拶をしたり、お礼を言いに行ったりしないから**だそうです。

それによって、特別扱いされたかどうかはわかりませんが、講師の方々には、かわいがっていただいたと感じています。

「笑い」で場を和ませる

ビジネスの場で、私はいつも「笑い」を意識しています。**「笑い」によって、人間関係が円滑になったり、心が和み、本音が聞けたりすることが多い**からです。

歯科医院に治療に来られた患者さんには、できるだけ笑って和んでもらえるように声かけをします。たとえば、高齢の女性に入れ歯をつくるときは、

「おばあちゃん、美人になるようにつくっておくね」

「白い歯になると、さわやかになって、すごく若返るよ」

「30歳は若返るようにつくっておくよ。あっ、30歳はちょっと無理か」

などの声をかけます。

治療をするときに、このように笑いを取り入れて、和んだ雰囲気にして、心を緩め

てもらうことが大切です。

歯科医を前にすると緊張して、なかなか「どんな治療がしたいのか」言いづらくなります。笑いのある和んだ雰囲気になると、心が緩み、打ち解けて、心に秘めていたことを話しやすくなります。どんな治療がしたいか、本心が聞けるのです。

歯の治療では、型を取ることがあります。虫歯などの治療で、穴が開いたところに、やわらかい素材を入れて、時間を置いて固め、かぶせものなどの型を取る工程です。このときに「型が取れました。これで今日の治療は終わりです」と言うと普通です。そこで私は、取った型を手にして、患者さんに対して、「きれいに型が取れた。これはいいものができるよ！」と伝えます。

患者さんは「本当ですか？」と、とてもよろこんでくれます。

相手がよろこんでくれそうなひとことを添えるだけです。

「どうしたら患者さんはよろこんでくれるのだろうか」、いつも考えていると、そのひとことが出てくるようになります。

この話をよく泊まるホテルのスタッフに話したことがあります。そのスタッフは、ある日私がコーヒーを頼んだときに早速、「井上先生に、**おいしいコーヒー**を持ってきてください」と、私に聞こえるように、ほかのスタッフに指示していました。

コーヒー豆や淹れ方は、いつもと同じだと思います。ですが、**「おいしい」とひとこと**つけてもらっただけで、うれしかったですし、自然と笑顔になりました。コーヒーもいつも以上においしく感じられました。

ほんのひとことを添えるだけで、相手の心をぱっと明るくできるんです。

自分が登壇する講演会でも「笑い」は欠かせません。

昼食後など特に、壇上に立つと、聴衆が寝ていたり、眠そうに聴いているのがわかります。

そういうとき、「お昼のあとだからみんな眠いと思うけれど、頑張りましょう」と言うこともできます。

しかしそれでは、寝ていた人は罪悪感を覚えかねません。そこで私は、「眠たくなるよね。私もみんなを見ていたら、一瞬、目をつぶりそうになったよ。いびきまで出そうになって、はっとして眠気が覚めたけど。みんなは大丈夫？　起きている？」と壇上からユーモアを交えて呼びかけます。

すると、場が「笑い」で包まれます。その笑い声でぱっと目を覚ます人もいます。

ユーモアを交えて語ることで、**誰も罪の意識をもたず、和やかな場をつくることができます。**

講演だけでなく、編集者との打ち合わせや、大事な方との会食でも「笑い」を取ることはいつも意識しています。**「笑い」によって、場が和むと、人間関係がとてもよくなります。**ぜひ、「笑い」を意識してみてください。

上司の家に招かれたら、家族に気をくばる

社会人になると、プライベートで会社の人の家に招かれることもあるでしょう。
先輩や上司の家に行くときの気づかいのポイントは次の６つです。

①脱いだ靴を揃える
②手伝う
③ほめる
④手土産を持っていく
⑤飲みすぎない
⑥帰宅後お礼のメールを出す

①脱いだ靴を揃える

人の家に上がったら靴を揃えるのはマナーです。「靴を揃える」ことを常にルーティン化していると心も揃うと言われています。日頃から習慣にするといいでしょう。

②手伝う

人の家に招かれたら、「何かお手伝いできることありませんか」「お片付けを手伝わせてください」と申し出てみてください。断られても構わないので、その誠意を伝えることに意味があります。

③ほめる

人の家に行ったときは、「ほめる」ことを忘れないようにします。家具などの物はもちろん、お子さんやパートナーがいたら、「元気なお子さんですね」「素敵なご主人（奥さま）ですね」とほめます。ほめられるとうれしいので、ほめられたことは記憶に残ります。

④手土産を持っていく

これまでにも書いてきたようにストーリー性のある手土産をもっていきます。お子さんがいる家庭であれば、子ども用のちょっとしたお菓子も用意するといいでしょう。

⑤飲みすぎない

人の家の場合、ついくつろぎ、飲みすぎてしまうこともあります。引き止められたとしても、「明日がありますので」と早めに辞するようにすると、スマートです。

⑥帰宅後お礼のメールを出す

帰宅したあとに、メールでお礼をするのを忘れないようにします。

メールにも相手の家をほめる言葉を忘れないようにします。たとえば、

「お二人のようなご家庭を見て、私も素敵な家庭を築きたいとあらためて思いました。今日、○○さんの家でしていただいたことを、10年後に自分の部下にやってあげたいと思いました。素敵な1日を過ごすことができました、ありがとうございます！」

こうした気づかいで、会社でもかわいがってもらえる部下になれるでしょう。

「えらい人」は孤独だと知る

経営者は孤独です。

経営責任を担って一生懸命に今期の数字や未来を考えて仕事をしています。

収益がプラスのときはあまり言われませんが、数字がマイナスになった途端、「経営者の責任だ」と騒がれてしまいます。

社員はそれを自分たちの問題というよりは、会社の問題と捉えます。

そのときに経営者は、「結局、自分は他人を使っているんだ」と、孤独を感じます。

数字がマイナスになったときこそ、経営者と同じ視点になって「どうすれば、来月、もっと売上を上げられるか」を考えてくれる社員がいると、経営者は、心底救われます。

業務担当の社員であっても、

「今月はお客さんの動きが悪いですね。私も知り合いにうちの商品を紹介してみます」
「うちの会社のよさをもっと伝えてみます」
と言えば、経営者はよろこびます。

家族が困っていれば、何とかして家族を助けたいと思うものです。自分ごとだからです。それと同じように、**会社が困っていれば、自分ごととして捉え、「どうしたらよくなるか」を一緒に考えて提案**をしてみてください。

「経営の素人が口を出すのはおこがましい」と思うかもしれませんが、経営者は社員の気持ちを感じられたら、さらにどこまでも頑張ることができるのです。

成果につながるモチベーションの絆

経営者への気づかいとして欠かせないのは、**会社のミッションを理解し、「会社のミッションに対して自分は仕事をしている」と意識することです。**

社員全員がミッションに向かって仕事をすれば、**「みんなで一緒に会社をよくしていこう」という気持ちになり、経営者とも心がつながります。この絆が会社の成果となります。**経営者は、この瞬間、社員を家族のように感じ安心感を得ます。

結果を出すことも大事ですが、経営者の大きなよろこびのひとつは、**社員と心をひとつにして、一緒に仕事をしている充実感を得ること**なのです。

会社の中でかなり成果をあげている一匹オオカミ的な人もいます。

もちろん、結果を出す人は大切ですが、**仲間でいてくれる人のほうが、一緒にやっていてうれしいものです。**不器用で、あまり仕事ができない。けれど、まじめにコツコツ仕事をやってくれる人は、信頼されます。

会社は成果だけで考えるものではありません。人とのつながりが大切です。

心のある対応のできる人が重宝されます。**心のある人はお客様に対しても心のある対応ができる。**結果として、会社に貢献できるのです。

福利厚生の充実した会社を選んで、個人の生活も仕事も楽しみながら、生きていこうと考えるのもいいと思います。

しかし、**福利厚生よりも、「会社のミッションを理解し、自分がそのために何ができるか」を考えて仕事をする。その中で、知識や能力を伸ばしていきながら、社会に役立ち、結果として収入を得る。そこに目を向けられる人がよい仕事をしていると感じ**ます。

ミッションのことを考えると、一生懸命に仕事をやりたくなります。ミッションがわからず、目先の仕事をこなしているだけでは、仕事はおもしろくはないのです。

さて、あなたの会社のミッションは何ですか？

給料日には経営者や上司にお礼を言う

給料日に明細をみて、経営者や上司に、
「今月もお給料をお支払いいただきありがとうございました」
あるいはボーナス時に、
「今期もボーナスをお支払いいただいて、ありがとうございました」
「基本給を上げていただいてありがとうございました」

こんなひとことを伝えてみてください。
経営者や上司はうれしいものですし、「こんなことを言ってくれる社員」「こう思ってくれる部下」はかわいいと感じるはずです。

ほとんどの人は、「自分たちの労働対価として給料をもらうのは当たり前」と捉えています。「給料が1000円少ない」「今月は減っている」ことに対しては、すぐに反応して、上司や経営者に言う。もちろん、言っていいのです。

でも、普段、もらったときにも「ありがとうございます」とひとこと伝えてみてください。

経営者や上司との関係は確実に円滑になり、お給料は上がりやすくなると思います。

第4章

「プライベート」での気づかい

プライベートでの行動が、気づかいの習慣になる

気づかいは場所や相手を問わずに行うものです。**ビジネスで成功したいのであれば、ビジネスシーンはもちろん、プライベートでも気づかいを心がけることが大切**です。

なぜなら、**人間は習慣の動物**だからです。気づかいを繰り返し行うことで無意識にできるようになります。脳科学の研究によれば、人の行動の9割以上は、脳が無意識に決定して行っています（『心脳マーケティング』ジェラルド・ザルトマン著、藤川佳則・阿久津聡訳、ダイヤモンド社）。

新型コロナウイルスの感染が拡大するさなか、厚生労働省は「3つの密（密閉、密接、密集）を避けよう」「ソーシャルディスタンス（感染拡大を防ぐための物理的な距

離）を取ろう」と呼びかけました。

これを守れない人をときどき見かけます。私の周囲を見ていると、守れない人は決まって、会社のミッションや理念を守る行動もできていないように思います。

日頃から守るべき約束を守って行動していれば、日常生活の中の約束も守れるようになります。

どんなことも習慣化できるようになれば、人生で成功できます。

だからこそ、ビジネスの場だけでなく、プライベートでも気づかいをすることが大切なのです。

いちばん身近なところでは家族です。

家族に対して、常日頃から気づかいができれば、ビジネスシーンでも自然と気づかいができるようになります。

親しいからこそ「気づかい」をする

人と人は完全にわかり合えるでしょうか。

私は不可能だと考えています。

人は自分のことさえ、完全にわかることは難しいものです。他人であれば、なおさら理解するのは困難です。

親子でも夫婦でも難しいのですから、たまたま職場が一緒になった上司と部下であれば、理解し合うのは、至難の業です。

ところが、1年、2年と付き合うと、なんとなくわかった気になってしまいます。

すると、どうなるか。**お互いに説明が足りなくなります。**

上司は、

「彼は一を聞いて十を理解できる。ここまで言えば、わかるだろう」

「いつもやってることだから、任せて大丈夫だろう」

「最近は、あうんの呼吸で仕事のやりとりができるようになってきた。時間もないし、説明は省いてしまおう」

と思います。

部下は部下で
「いつもの通りにやっておけばいいだろう」
「だいたいこういうことだろうな」
と確認を省略して進めてしまうことになります。

たとえば、営業先に提出する提案書について、上司が、「任せるからやっておいて」とひとことで済ませる。上司は、営業先に提出する前に、見せにくるものだと考えていました。

それに対して部下は「承知いたしました。進めておきます」と返事。「全部任せてもらえたんだ。うれしい」と勘違いし、つくった提案書を上司のチェックもなしに、営業先に提出。価格の打ち間違えによって、営業先に大きな迷惑をかけ、契約がうまくいかなくなった……。

これは現実に起こりうることです。

上司は、「提出前に見せてね」と言うのが気づかいですし、部下は、いくら任されたといっても、「できましたので、念のため、チェックをお願いできますか」と聞いてみるのが気づかいでしょう。

親しくなると「自分の手間」を省いてしまいがちですが、それは最終的に「相手の手間」になってしまいます。

仕事では、それが大きな失敗になり得るので、親しい関係こそ、手間を惜しまずに気づかいを心掛けましょう。

わかり合うためには、気くばりを欠かさない

夫婦や恋人、友人関係でも同じです。確認をせずに、**「相手はこう思うに違いない」**という思い込みで行動することで、関係がこじれることもあります。

「いつもの場所で7時に待ち合わせね」と友人と電話で待ち合わせをしたとします。「いつもの場所」がお互い違う場所をイメージする可能性もあります。7時といっても、朝の7時か夜の7時か曖昧です。もし、待ち合わせ場所が違っていた場合、「言った」「言わない」の言い合いになる可能性もあります。

たとえ、お互いによくわかり合えている者同士であったとしても、丁寧に説明をし合うこと。些細なことですが、待ち合わせであれば、具体的な場所と正確な時間を伝え合う。それだけで、すれ違いがなくなります。

相手と常に確かめ合うことが、二人の関係性を保つための、大切な気づかいです。

友のピンチには「すぐに」「直接」、「何度」でも

先日、親友が脳梗塞で倒れました。

ご子息から知らせを聞き、心から心配になりました。ご家族しか面会できない状況でしたが、お願いしてお見舞いさせていただきました。直接、顔を出したことで、親友は「励みになった」と、とてもよろこんでくれました。

自分にとって大切な人が窮地《きゅうち》に陥ったときは、すぐに会いに行って、直接励ますことが重要だとあらためて思いました。

人に直接励ましてもらうのは、何よりも力になるのです。

仮に面会できなくても、病院まで足を運んでくれた思いの深さをあとから知ったら、うれしくなり、リハビリの励みにもなります。

突然の入院となると、「遠いから」「忙しいから」「時間の調整ができないから」とお見舞いに行かない理由はいくつも思い浮かんでくるものです。

そのような中、「調整してお見舞いに行く」行為ができるのは、**自分のことよりも相手のことを優先しているから**にほかなりません。**利他の精神**です。

こうした行いができる人は、多くはありません。

ほかの人が行動に移さない中、お見舞いに来てくれたら、本当にうれしく、印象にも残ります。

何度も勇気づけに行く

知り合いの歯科麻酔科のドクターが体調を崩しました。

インプラントの手術を行うときには麻酔が欠かせません。私の歯科医院では、この歯科麻酔科のドクターと、インプラントのシステムを提供している京セラさんと共にチームをつくってインプラント治療をすることがありました。チームに欠かせないドクターでした。

このドクターが病院で診てもらうと、「難病」であることが判明しました。「もう、歯科麻酔科医としては一生働けないだろう」と宣告を受け、即刻、札幌の大きな病院に入院となりました。

私が暮らす帯広から札幌までは200キロほど離れています。車や電車で片道3時間の距離。しょっちゅうとはいきませんでしたが、私は時間を見つけてはできるだけ見舞いに行きました。

病気のときは、人に会いたくないという気持ちがありますが、一方で来てくれたらよろこびの気持ちもある。

特に親しい人や友人は「すぐに」「直接」「何度」でも行くとよろこばれると思います。

このドクターは名前が「勝（まさる）」と言います。

私は京セラさんと一緒に、「病気に勝つ」という意味の「勝」という文字の入った手術用ガウンをつくって、彼にプレゼントしました。

彼を何とか励ましたいと思ったからです。

本人の頑張りや治療にあたっている医師、ご家族のサポートはもちろんのこと、私たちの励ましも一助になったのか、彼は奇跡的な回復を果たしました。

人が直接励ますことがどれだけ相手を力づけ、奇跡をも起こすかを実感した経験です。

落ち込んでいる人には、「激励」ではなく「希望」を贈る

友人が入院したり、困ったりしているときは、私はその友人や家族に対して、お見舞いに加えて、定期的な応援メールを送るようにしています。

短いメールでいいので、定期的に送ることが大切です。

友人が緊急入院したと聞いてすぐの頃には、２日に一度くらいのペースでメールを送るようにしていました。

受け取ったほうは、「継続的に自分を見守ってくれている」「自分に関心をもってくれている」と思ってくれるようです。継続的なサポートが「勇気」となり、病気と「闘う力」になります。

では、どのようなメッセージを送るとよいのでしょうか。

「病気の人」「つらい人」に、「頑張れ」「頑張ってね」というメッセージを送るのは自然のように思えます。

一方で、「病気の人」「つらい人」には「頑張って」と言わないほうがいいという意見もあります。実際はどちらがいいのでしょうか。

私は、多くの書籍や相談を受ける全国のいろいろな体験者の言葉から、「(言われなくても)頑張っているから、『頑張れ』と言われるのは、つらい」と教えてもらいました。「一生懸命にやっているのに、『もっと頑張れ』と言うの？　いったい、どこまで頑張ればいいの？　そう思うと苦しくなる」そうです。

ですから、「病気の人」「つらいさなかにいる人」に対しては、「頑張れ」よりも、**希望がもてるメッセージ**を送るといいと思います。

たとえば、前出の麻酔科医のドクターに対しては、

「先生、ゆっくり休んで、また一緒に手術をしましょう」

「先生がオペをサポートしてくれるのを、患者さんも私たちも待っています」

職場で一緒に働いている人、身近な人には、

「また一緒にやろう」

「待っているよ」

というメッセージを添えて希望を贈ります。

脳梗塞で倒れた先生に対しては、

「治ることを信じていますよ」

「リハビリして動けるようになったら、一緒に軽い食事でもしましょう」

といったメッセージを送りました。

ただの「お食事」と書くとかしこまった食事に思われて、ハードルが高くなります。

「食事会なんて、いつ行けるんだろう」って逆にへこんでしまう可能性もあります。

あえて、「軽く」とつけると、相手の気持ちも「軽く」なります。

そのほかにも、

「焦ることないよ」

「コツコツ、継続ですよ」

「希望に向かって進んでいこう」

「今の体験を将来、力に変えよう」

など、**相手を勇気づける言葉、希望をもたせる言葉、焦らせない言葉**を、普段から集めておくと、相手の状況に合わせてすぐに「希望」を贈ることができます。

相手の気持ちに寄り添う

善意の気持ちで勇気づけようと思って、つい使ってしまうものの、実は相手を傷つけてしまう言葉もあります。たとえば、次のような言葉です。

「こんなに休んで大丈夫?」

「早く復帰してくださいね!」

「世の中はどんどん前に進んでいくから、早く戻ってきてね」

こうした「焦らせる言葉」はプレッシャーになり、心の負担になるため、**「あなたの魅力があれば、いつ復帰したって、必ず周りは必要としてくれるよ」「ゆっくり休んだらいいよ」「周りは早く治せというかもしれない。病気になった人じゃないとわからない。すぐにはなかなか動けないものだから、焦らないでね」**という言葉に置き換えましょう。

ポイントは「相手に寄り添う」ことです。

「寄り添う」というのは、相手に強い気持ちを押しつけるのではなく、**「相手と同調する立ち位置を取る」こと**です。

先日、ある友人から、「お母さんが、急に脳梗塞で倒れて、危ない状態なんです。先生、力をお貸しください」というメールが届きました。

「とにかく信じることだよ。あなたとあなたのお母さんの意識は必ず通じているから」

と言葉を贈りました。

友人のお母さんは、お医者さんには「もう助からない」と言われながら、今はもう退院して、どんどんよくなっています。

後日、その友人からこんなメールが届きました。

「苦しいときに応援してくださって、ありがとうございました。
このご恩は一生忘れません」

短い言葉でも、相手が恩に思うほど、勇気づけることができます。

相手を思って言葉がけをすることが、落ち込んでいる人、病気の人には、最大の気づかいになるのです。

「ぴかぴかトイレ」は一流の気づかいの証

一流の気づかいをしていると感じるのは、**「いつ入ってもトイレがきれいな状態」**の店やホテルです。

便座や便器はもちろんのこと、洗面台や鏡がいつもきれいに磨きあげられていて、水しぶきもついていない。

ダストボックスも空か、空に近い状態になっている。手を拭くペーパータオルや布のタオルが過不足なく置いてある。

そういう店やホテルは、一流のサービスを提供しています。

では、逆はどうか。一流と言われる店やホテルであれば、トイレがいつもきれいな状態に保たれているかといえば、残念ながら、そうとは限りません。

世間では一流と言われているのに、トイレのダストボックスがあふれんばかりになっている。洗面台に立つと、鏡が水しぶきで濡れている。そういうお店は意外と多いのです。

私はそういうトイレを目撃するたびに、「働いている人の『おもてなし』への意識が統一されていない」「社内教育が行き届いていない」と思わずにはいられません。

レストランやホテルなどのサービス業に限らず、会社であっても、お客様が使うことがあるトイレなら、**「いつ入ってもきれいな状態」**を維持するのが基本です。清潔にしているトイレは、使う人が気持ちいいからです。

特に新型コロナウイルスの感染拡大が起きて以降、より多くの人が衛生面には気をくばるようになりました。

感染対策と気づかい、この2つの面からより徹底したトイレの衛生管理と美化が求められています。

誰も見ていないところでこそ気づかう

オフィスでも自宅でも、自分がトイレを使ったあとは、**次に使う人のために、きれいにしておく気づかいが大切**です。

誰も見ていないところで、次の人のことを考えて気づかいをする。これが自然とできるようになれば、**「相手の立場に立って考える」ことが習慣化**されて、ビジネスの場面でも相手本位の気づかいができるようになります。

そもそも、**一流の人はトイレ掃除をとても大切にしています**。

お笑いタレントで映画監督のビートたけしさんが、居酒屋であろうと、公衆トイレであろうと、自分の入ったトイレの掃除をし続けているのは有名な話です。自身で「自分の成功の秘訣はトイレ掃除をしているから」と公言もしています。

ビジネスの世界でも、パナソニックの創業者、松下幸之助さんは「便所はみんなが使う、自分たちのものである。それを掃除するのに、何の理屈があるものか！」「たとえ仕事ができても、常識的なことや礼儀作法がわからないままでは、社員にとって松下ではたらく意義は薄い」と自社工場のトイレ掃除を率先して行い、社員に注意をしようと決心したそうです（パナソニックサイト内「企業情報」松下幸之助物語）。

イエローハット創業者の鍵山秀三郎さんは、業績の悪い時期、「社員の心を穏やかにするためには、まず職場環境をきれいにすることが大事。汚い環境の中で、彼らに『ちゃんとしろ』と言ったってできるわけがない」と自分から環境整備を開始。その一番目がトイレ掃除だったと言います（「東洋経済オンライン」の記事より）。

自分が入ったあとにトイレをきれいにすることは、次の人への基本的な気づかいであり、社会人としての常識であり、心穏やかに仕事をすることにもつながるのです。

違うと思ったことはただ聞き、スルーしていい

「井上先生は、まちがっていますよ」

かつて、一緒に仕事をしていたチームのメンバーの一人、Aさんから届いたメールの一文です。詳細は忘れてしまいましたが、とにかく、きつい言葉がつづられたメールでした。


私はこのメールに反論せず、スルーしました。そのAさんが書いてきた内容に納得したからではありません。

「いい仕事ができること」が最善のゴールです。Aさんは実力があります。私は、**「一緒にやれば、最善のゴールにたどり着ける」**のであれば、**コミュニケーションを取りづらい人でも、一緒にやればいい**と考えます。

だから、仕事過程で、ひどいことを言われたとしてもまったく気になりません。

返信はしましたが、相手からのきつい言葉には触れず、**「いい結果を出しましょう。お願いします」**と書いて送りました。

それで、いいんです。

強いボールが来たら、受け止めて、そのボールを下に置く。ラリーはしない。

それもコミュニケーションです。**会話としては成り立っていませんが、コミュニケーションとしては成り立っています。**

Aさんも、一時的な感情に任せて書いてしまったと気にしている部分もあると私は考えます。そのことについて、触れられていなければ、「井上先生、気にされてなくて、よかった」とほっとする部分もあると思います。

スルーすることも気づかいなんです。

私も人間ですから、人と会っていて、いらいらすることもあります。

特に立場が違う人と話しているとき。経験の違いから、どうしても話がかみ合わないときがあります。

そのようなときは、次のように考えながら話を聞いて、自分が気づけていないことを考えます。

「この人の立場では、こんな視点で考えるんだ。この人の立場なら、自分はどんな風に考えるかな。経験の違いから学ぶことは多い。話がかみ合わないと、つい反論したくなるけど、おかげで学びが増えて、ありがたい」

つまり、**ベクトルを相手に向けて責めるのではなく、自分に向ける**のです。

相手に反論したところで、わかり合うのは難しい。**現実の中で変えられるのは、相手ではなくて自分**です。

職場でもプライベートでも、考え方のすれ違いはよくあると思います。

そのようなときには、「そういう考え方もあるのだ」と受け入れること。違いを受け入れるほど、自分の器は大きくなっていきます。

夫婦は干渉し合わない、細かいことに目を向けない

どんなに近い関係である夫婦も恋人も、それぞれに個性があり、別の人格をもっています。同じではないから、当然、違いがあります。一緒に生きていくときに大切なのは、この違いを受け止めることです。

「違いがあって当然」という前提を意識すると夫婦も恋人もうまくいきます。

逆に、価値観が似ているところがあったり、同じ発想をしたりするところを見つけたら、「一緒のところがあってラッキー」と捉える。

すると人生は楽になります。

ある講演会でこんな質問を受けました。

「私はセミナーなどに参加して成長したいと考えていますが、主人はそのような場に行くことは無駄で遊びのようなこと、と言います。どうしたらわかってもらえるでしょうか」

たしかに、会社の研修の一環など、義務として参加する場合だと、セミナーと成長が結び付かないこともあります。

その方のご主人は、セミナーの効果が気になっているでしょう。

そのため、「セミナーに参加したら、実際、自分の何が成長したのかを伝えること」をアドバイスしました。

セミナーに限らず、自分以外の人と物事の捉え方や価値観の違いがあるのは当然です。それを埋めるためには、**相手の価値観にないこと（この場合は、「セミナーに参加して得られること」）を丁寧に伝えること**が大切です。

夫婦は自分でできることは自分でやる

家でトイレに入ったら、ホルダーにトイレットペーパーの芯だけ残っていた。家庭でよくあることです。そんなときに、奥さんに、

「なんで、捨てておかないんだよ」

と言う人が多いかもしれません。すると、

「忘れてたの。仕方ないじゃない！」

と小さな言い合いになり、お互いの気持ちが波立ちます。

そんなときは、

「芯だけ残っていたから、捨てておいたよ」

と言うのが正解です。すると奥さんは、

「ありがとう」

と返してくれるでしょう。そうなれば、波立つことは何もありません。

なぜ、「なんで捨てておかないんだよ」という言葉になるのか。

「ゴミは奥さんが捨てるもの」と頭から決めつけているからではないでしょうか。一緒に生活しているのですから、必ず奥さんが捨てなきゃいけない、これは夫がやらなければいけないと決めつけないほうが楽です。

「ちょっと散らかっている」「髪の毛が落ちている」「トイレットペーパーの芯が残っている」「ドアが開けっぱなし」など、生活上のこまごましたことは、気づいた人がやればいいんです。文句をいう前に自分でやれば、すぐに済みます。

運命共同体である夫婦においては、**「気づいたほうがやる」ことは、お互いへの気づかい**であり、夫婦円満の秘訣ではないでしょうか。

負担にならない程度に状況を共有し合う

大切なパートナーだからといって、何もかも全部話すことが、必ずしもいいことではありません。相手を疑って深掘りして、「携帯の着信見せて」「LINE見せて」などということは避けたほうがいいです。

それは、相手の領域に土足で入っていくようなものだからです。

パートナーだからこそ、お互いのプライバシーを損なわないようにして、個人を尊重し合う関係を心がけましょう。

「お互いの行動を知っておくべきだ」という考え方の人もいますが、何もかもお互いに報告し合う生活は窮屈だと私は感じます。

それよりも、**お互いのやっていることを認め合い、信頼し合ったほうがうまくいきます。**

お互いの予定を共有するアプリが人気と聞きます。

便利なので使っている方が多いと思いますが、もし、そのアプリを使うと自由がなくなって窮屈だと思うのであれば、**架空の予定**を入れておけばいいのです。

仕事をしていると、相手が不快に思いそうな予定、誤解を生みそうなことが出てくる場合もあります。

何でもないのに、「これ、誰とどこで会うの?」と聞かれ、いちいち説明するのが面倒だと思うのなら、その予定はわざわざスケジュール共有のアプリに入れる必要はありません。

それがパートナーに対する気づかいです。

お互いが活動している場の文化を大切にする

コミュニケーションに関して、パートナーが考えている文化と、自分が働く職場の文化が異なっていることはよくあることです。

たとえば、私の場合、イベントのあとの懇親会に参加したときに、ファンの女性と一緒に写真を撮ることがあります。求められれば、握手もします。ファンの方はよろこんでくれます。

「写真を撮る」「握手する」は、ある意味、私の職場の文化です。

人によっては、結婚している男性が女性と写真を撮り、しかも、Facebookにアップしているとなると、「ちょっと怪しい」と勘繰る人もいるかもしれません。

だからといって、私が、「僕は結婚しているので、ほかの女性との写真は撮れません」とイベントの主催者に言うのは難しいです。

もし言ったとすれば、極端ですが、「あの講師は『写真撮影禁止』『握手禁止』だからやりにくい。参加者も満足度が低くなる。次回からは依頼するのを辞めよう」となる可能性もなくはない。

「講演の場」という文化の中での当たり前をやらないことで、仕事の幅を狭めることになりかねないのです。

どんな仕事でも、それぞれの職場の文化があります。

お互いを理解し、尊重することがパートナーとの絆をもっと深めるはずです。

パートナーには「帰りの時間」を伝えれば安心する

男女の関係の中で、女性が一番不安に思うのは、**「帰る時間」**です。

特に出張中の夫に夜電話をかけても出ないとなると、女性にしてみれば、「誰と会って、何をしているのかな」と不安になります。

いろんな想像をして、自分を苦しめてしまいかねません。


出張中は、「ホテルに帰ったら連絡するね」と伝えておいて、帰宅次第連絡を入れれば、安心してもらえます。

帰宅の連絡は、短くても構いません。

「帰ってきたよ」とか、「今、戻ったけど、疲れたからもう寝るね」だけで十分気持ちが伝わりますし、安心してもらえます。

また、もし打ち合わせ中にＬＩＮＥが来たら、「今、仕事中」と短いながらも、返信を入れることもパートナーへの気づかいです。それぐらいの返信であれば、時間もかかりません。

詳しく書かなくてもいいのです。

自分の状況を伝えておくだけでお互いに安心できます。男女の間では、それがお互いへの気づかいではないでしょうか。

親には「兄弟、仲良くしているよ」と伝えるだけでいい

親の一番の望みは何でしょうか。

父親は子どもの**仕事が順調**だとよろこびます。母親は、**子どもが元気で、兄弟姉妹が（いれば）仲良くしていること、家族をもっているなら家族が仲良くしていること**をよろこびます。

「元気で仕事が順調」「家族仲が良い」のであれば、生きていく上で安心できるためでしょう。

親に会ったときや連絡を取ったときには、

「仕事は順調だよ」

「元気にしているよ」

「兄弟仲良くしているよ」

「家族円満だよ」と伝えるようにします。

親への大切な気づかいです。


パナソニックの創業者で経営の神様と言われた松下幸之助さんは、海外の支社に行くと、現地で働く社員たちに対して、次のような質問をしました。


「家族は仲良くやっているか？　周囲の人に貢献できているか？」

返事が、

「仲良くやっています。周りの人によろこんでもらうことができています」

と返ってくれば、安心しました。**家族が仲良く、周囲に貢献できていれば、仕事は順調である**、と考えたからです。

いきなり仕事についての質問をすることはなかったそうです。


もちろん、うわべだけで、「元気にやっている」「家族仲良くやっている」と言うのではなく、実際に健康で、兄弟姉妹や家族が仲良く過ごしていることが、親への最大の気づかいになることは言うまでもありません。

「毎日」×「他愛のない会話」が親をよろこばせる

親と離れて暮らしているのなら、できれば、毎日LINEでメッセージを送ってあげるのがおすすめです。

「親と話すことがない」「用事がない」という人がいますが、そんなに構える必要はありません。家族ですから、**他愛のない会話**でいいのです。

親とのコミュニケーションで大切なのは質よりも量（頻度）です。

たとえば、**「今日のできごと」**は誰でも話せるテーマです。

親にLINEで、もしくは電話で、

「今日、なにかあった？」と聞いてあげる。

「別にないね」

「私はおいしいお饅頭を食べたよ。今度買っていくね」
「ありがとう」

お互いの「今日のできごと」を聞いたり、話したりする。それだけで、親はうれしいものです。時間はそれほどかかりません。数十秒から数分のことです。

話が長くなりそうなら、「そろそろ寝るね」「そろそろ仕事に戻るね」と終わらせればいいのです。

子どもが自分に関心をもってくれていることが親のよろこびにつながります。

自分の身近な人をよろこばせることができれば、ビジネスでも人をよろこばせることができるようになります。

まずは、自分の周りへの気づかいから始めましょう。

気づかい力は、「非生産的な時間」で磨かれる

知り合いの男性から、同棲中の恋人との関係についてこんな相談を受けました。

「昨日、彼女とケンカしました。その日のうちに仲直りをしたのですが、彼女の機嫌が今朝も悪いんです。話し合いをして解決策も出たのに彼女は何を怒っているのでしょうか……」

彼の話をよく聞くと、彼女の話を聞き、自分の意見を出し、お互いが納得できる解決策を導き出していて、彼に落ち度はないように思いました。しかしその一方で、彼女が求めているのは、「解決策」ではなさそうだと感じました。

彼女自身も言葉にできていない「何か」を彼が察することが問題の根本的な解決策

だと思ったので、私は彼に、２つのことをアドバイスしました。

①**ルールを決める**

「ケンカをしても次の日はリセット」など、ルールを決めると**それ以上考えなくていいのでラク**な気持ちになれます。彼女が切り替えをしやすいように、ルールで環境を整えてあげることも気づかいです。

②**海外のドラマや映画を見て女性の心理を勉強する**

女性は、言葉で自分の意見を伝える前に「察してほしい」と思う傾向があるようです。しかし私たち男性は、察することが苦手な人のほうが多いのではないでしょうか。とくに、海外のドラマや映画の登場人物がしているような、「女性の気持ちを先回りして気づかう、よろこばせる」ことに高いハードルを感じがちです。

しかし、**女性が「察してほしい」と思う価値観がわかれば、行動に移すことができます**。そのヒントとして、普段、日本人男性がしないような方法で女性と接している海外ドラマや映画から学び取ることをすすめました。

「自分の価値観」だけではできない気づかいもある

恋人同士に限らず、相手の価値観が自分とまったく違うものだったら、相手の求めていることを捉えられず、気づかいが伝わらないこともあります。

気づかいの幅を広げるためには、いろんな経験や学びを得て、自分の価値観を広げることが大切です。

日々仕事に追われていると、効率や生産性ばかりを重視しがちですが、**生産的な時間はビジネスにしかつながりません。**

自分の価値観を広げるためには、「非生産的な時間」を過ごしてみてください。

非生産的な時間には、自分でしか感じられない体験や学びがあります。

たとえば、何も考えず、気が向くままに街を散歩する休日があるとします。

普段の仕事では接することのない人を街で見かけて、知らなかったカルチャーに触れたり、暖かい日差しと爽やかな風を全身に感じて穏やかな気持ちになったりなど、何もしなくても仕事にはない「学び」や「体験」が得られます。

このような**非生産的な時間からの学びや体験は、自身の価値観を広げ、人としての豊かさを耕してくれます。**これは、ビジネスではなかなか得られない**「人間としての学び」**だと私は考えています。

気づかいをするのも、されるのも「人」です。

人間の学びが広く深い分だけ、相手の気持ちを考えたり想像したりすることができるようになり、気づかいの幅もレベルも上がっていくのだと思います。

おわりに

気づかいには、人生を変える力がある

人生でチャンスをつかむために、「育ち」や「学歴」は関係ありません。

必要なのは、**人に自分を好きになってもらうこと、「応援したい」と思ってもらえる人になること**。

それだけだと思います。

そのために必要なのが、「ちょっとした気づかい」です。

繰り返しになりますが、気づかいとは、**「何かを受け取ったら感謝をする」「相手の記念日に贈り物をする」「相手がよろこぶことを行動で示す」**ことなどです。

誰にでもできるかんたんなことですが、これが人生を変えていきます。

しかし、こうした気づかいをほとんどの人がしていません。今は、「ビジネスで贈り物をするのはタブー」のような風潮もあります。

私は、常々、**「人と違うことをする」**ことの大切さを伝えています。**人と違うことをして、自分にしかできない価値を生み出すことで人生が変わっていく**からです。

どんどん気づかいをしてください。できれば、質を高くしていきましょう。高価じゃなくていいので、心のこもった贈り物をしましょう。給料が安いのなら、安いなりにやりくりして、気づかいをする方法を見つけてください。うまくやりくりできた人が**人生のチャンス**をつかんでいきます。

自分の人生を振り返ったときに、今の仕事があり、他の人がなかなかできない業績を上げることができるようになってきたのは、**多くの、そして、大きなチャンスをい**

ろんな人からいただいたからだと思います。

そして、チャンスをもらえたのは、気づかいをしてきたからです。

「私の人生を変えてきたのは、相手を思いやる気づかいだけ」

こういっても過言ではありません。

気づかいに能力や才能は関係ありません。

ただ、**あなたの中にある「人に対するやさしさや思いやり」**をもっと表に出してみてください。

そうすれば、誰でも自然と「気づかい上手」になれます。

本書に記した、私の人生の「気づかい」の経験が読者の方に伝わることで、みなさんの人生が変わってくれたらこれ以上のよろこびはありません。

これまでの経験を通して、気づかいには人生を変える力があると実感したからこそ、本書が生まれました。

最後までお読みいただき、ありがとうございました。

2020年12月

井《い》上《のうえ》裕之《ひろゆき》

本物の気づかい

発行日　2020年12月20日　第１刷

Author　井上裕之
Writer　文道 小川真理子
Book Designer　重原隆（カバーデザイン）
クロロス 斎藤充（本文デザイン・DTP）
Publication　株式会社ディスカヴァー・トゥエンティワン
〒102-0093　東京都千代田区平河町2-16-1 平河町森タワー11F
TEL　03-3237-8321（代表）　03-3237-8345（営業）
FAX　03-3237-8323
https://d21.co.jp/

Publisher　谷口奈緒美
Editor　大竹朝子　志摩麻衣

Publishing Company
蛯原昇　梅本翔太　千葉正幸　原典宏　古矢薫　佐藤昌幸　青木翔平　大竹朝子　小木曽礼丈
小山怜那　川島理　川本寛子　越野志絵良　佐竹祐哉　佐藤淳基　志摩麻衣　竹内大貴　滝口景太郎
直林実咲　野村美空　橋本莉奈　廣内悠理　三角真穂　宮田有利子　渡辺基志　井澤徳子　藤井かおり
藤井多穂子　町田加奈子

Digital Commerce Company
谷口奈緒美　飯田智樹　大山聡子　安永智洋　岡本典子　早水真吾　三輪真也　磯部隆　伊東佑真
王廳　倉田華　榊原僚　佐々木玲奈　佐藤サラ圭　庄司知世　杉田彰子　高橋雛乃　辰巳佳衣　谷中卓
中島俊平　野﨑竜海　野中保奈美　林拓馬　林秀樹　三谷祐一　元木優子　安永姫菜　小石亜季
中澤泰宏　石橋佐知子

Business Solution Company
蛯原昇　志摩晃司　藤田浩芳　野村美紀　南健一

Ebook Group
松原史与志　西川なつか　牧野類　小田孝文　俵敬子

Business Platform Group
大星多聞　小関勝則　堀部直人　小田木もも　斎藤悠人　山中麻吏　福田章平　伊藤香　葛目美枝子
鈴木洋子　畑野衣見

Corporate Design Group
岡村浩明　井筒浩　井上竜之介　奥田千晶　田中亜紀　福永友紀　山田諭志　池田望　石光まゆ子
齋藤朋子　丸山香織　宮崎陽子　青木涼馬　大竹美和　大塚南奈　越智佳奈子　副島杏南　田山礼真
津野主揮　中西花　西方裕人　羽地夕夏　平池輝　星明里　松ノ下直輝　八木眸

Proofreader　小宮雄介
Printing　中央精版印刷株式会社

ISBN978-4-7993-2702-9